Renold Blank

Schafe oder Protagonisten?

T V Z

Renold Blank

Schafe oder Protagonisten?

**Kirche und neue Autonomie der «Laien»
im 21. Jahrhundert**

EDITION **N Z N**
BEI **T V Z**

Theologischer Verlag Zürich

Mit Unterstützung der Katholischen Kirche im Kanton Zürich

Das vorliegende Buch ist eine Bearbeitung der portugiesischen Originalausgabe OVELHA OU PROTAGONISTA, A Igreja e a nova autonomia do laicato no século 21.

Die Deutsche Bibliothek – Bibliografische Einheitsaufnahme
Die Deutsche Bibliothek verzeichnet diese Publikation in der Deutschen Nationalbibliografie; detaillierte bibliografische Daten sind im Internet über www.dnb.de abrufbar.

Umschlaggestaltung: Simone Ackermann, Zürich
Satz: Claudia Wild, Konstanz
Druck: ROSCH-Buch Druckerei GmbH, Scheßlitz
ISBN: 978-3-290-20086-2

Inhalt

1. Teil
Die informatisierte Technologie-Metropole und ihr neustes Produkt:
Eine Kirche, herausgefordert durch Christinnen und Christen,
die keine «Laien» mehr sind

2. Teil
Drei Hindernisse, die sich dem Protagonismus der Laien entgegenstellen

3. Teil
Strukturelle Analyse der drei Forderungen für eine Verwirklichung des Protagonismus der Laien

4. Teil
Hindernisse persönlicher und struktureller Art, die eine volle Integration aller Gläubigen behindern

1. Teil

Die informatisierte Technologie-Metropole und ihr neustes Produkt: Eine Kirche, herausgefordert durch Christinnen und Christen, die keine «Laien» mehr sind

1 Urbane Gesellschaft als Ort, wo die Schafe es ablehnen, Schafe zu sein

Die dominante Lebenswirklichkeit des Menschen des 21. Jahrhunderts ist in immer grösserem Ausmass nicht mehr die dörflich-ländliche Idylle. Stattdessen versteht er sich als Teil einer primär urbanen Gesellschaft. Diese neue Erlebniskategorie gilt sowohl für die eigentlichen Städte als auch für grosse Teile der noch dörflich genannten Agglomerationen. Ihre Bewohner erleben die Welt aus der Perspektive des «urbanen Menschen». Sie Leben ein durch den Rhythmus der Urbanität geprägtes Leben, verängstigt oder fasziniert, je nach dem; unterdrückt und ausgeschlossen vielleicht; oder selbst dominierend, unterdrückend und ihrerseits eingezwängt im Diktat einer unerbittlichen Arbeitswelt und deren Zwängen aus Effizienzforderungen und Wettbewerb. Die einen lieben diesen neuen Lebensstil und andere verabscheuen ihn, oder sie nehmen ihn einfach als unabänderlich zur Kenntnis, je nach Temperament und Grad der eigenen kritischen Weltbetrachtung. Kirchliche Autoren beklagen den Verlust der religiösen Identität des Volkes, und ihre Kollegen aus dem anderen Lager preisen die endlich erreichte totale Säkularisierung der Gesellschaft. Die notwendigen Informationen beziehen beide aus dem Internet, und die Massenkommunikationsmittel werden nicht müde, ihren Benutzern immer neue Diskussionsthemen zu liefern: Sei es die neue Haarfrisur einer Sportsgrösse oder der Grad der Nacktheit der neugewählten Schönheits-Königin. Währenddessen diskutieren die Soziologen darüber, dass die Bewohner der Technologie-Metropolen zunehmend zu misstrauischen und eher verschlossenen Charakteren geworden seien, die weder Zeit noch Lust verspüren, mit ihren Nachbarn zu schwatzen oder sich mit ihnen auf ein Glas Bier zu treffen. Diese Bewohner wiederum entwickeln ihrerseits zunehmend stärkere Abhängigkeiten von anonymen Systemen, erdrückt zum Teil und ausgelaugt durch die Verpflichtungen einer nachindustriellen Hochleistungsgesellschaft, deren einziges Ziel die immer effizientere Hervorbringung von Gewinn für jene anonymen Systeme zu sein scheint.

Und so fühlen sich den immer mehr Menschen verloren in einer gesichtslosen Masse und immer stärker frustriert in ihren Versuchen, das eigene existenzielle Vakuum im frenetischen Konsumrausch zu vergessen. «Ausdruckskrisen und Anfälle von Erotik, das ist der Mensch von heute» – so hat Gottfried Benn es im letzten Jahrhundert formuliert. Hatte er recht? Und falls er recht haben sollte und die Soziologen ebenfalls, die das Gleiche diagnostizieren, und die Reporter der Boulevardzeitung, die davon profitieren, wo bliebe in diesem Fall das, was wir im Rahmen der religiösen Tradition mit so viel Einsatz verteidigt haben: Das Bild des Menschen als Abbild und Gleichnis Gottes – der Mensch als Ziel und Endprodukt jahrmillionenlanger Evolution – der Mensch und seine Würde – jener Mensch, von dem Psalm 8 zu sagen wagt, er sei nur um Weniges geringer als ein Gott?

In den Spalten der Skandalblätter jedenfalls ist davon nicht viel zu erkennen, und die Propagandaspots des Werbefernsehens ziehen es vor, auf Lustbefriedigung und schrankenlosen Genuss zu setzen. Offenbar ist auch das nachindustrielle System nicht an der Würde des Menschen interessiert, sondern mehr an seinem Nutzen. Die Würde wurde ersetzt durch neue Werte, die eher den Forderungen nach totaler Effizienz entsprechen und deren Ziel, der Maximierung des Gewinns um jeden Preis. Wo in einem solchen System findet sich noch Raum für jene Werte, die nach wie vor zur zentralen Botschaft der Kirche gehören? Und wer spricht noch von jenem geschichtlichen Projekt eines Gottesreiches und seiner alternativen Werteskala? Wo in dieser auf Gewinnmaximierung ausgerichteten Konsumgesellschaft findet sich noch Raum für Männer und Frauen, die Partei ergreifen für ein Gesellschaftsmodell, das auf Liebe, Solidarität und Gerechtigkeit basieren soll? Und wie soll die Kirche umgehen mit Menschen, die gelernt haben, ihre Position im gegenwärtigen wettbewerbsbestimmten Wirtschaftssystem durch äusserste Spezialisierung und beste Qualifikationen zu behaupten; deren traditionelle Bezeichnung innerhalb der Kirche aber immer noch jene der Laien, der Nicht-Fachleute, der Nicht-Wissenden blieb? Auf welcher Basis schliesslich, sollen jene «Laien» selbst ihre eigene Stellung innerhalb dieser Kirche definieren?

Mit diesen Fragen sind primär alle jene konfrontiert, die sich noch in irgendeiner Weise auf Religion und Kirche einlassen wollen. Sie betreffen aber auch alle andern, die sich schon von jeder kirchlichen oder religiösen Bindung entfernten, deren Herzen aber leer sind auf der Suche nach Sinn.

Lassen sich Kirche und nachindustrielles Sozial- und Wirtschaftssystem noch miteinander in Einklang bringen? Oder ist es genau die dualistische Entfremdung zwischen beiden, die deren gegenseitige Distanzierung erst grundgelegt hat? Eine Abgrenzung, die in ihrem Gefolge immer tiefere Widersprüche und Spannungen bewirkt?

Als Resultat solcher Spannungen stehen wir heute gesamtgesellschaftlich immer mehr vor einer Situation, wie sie Thomas Wolf bereits in der ersten Hälfte des 20. Jahrhunderts für die damaligen Grossstädte beschrieb: Einige Häuserblocks von den Abgründen der Dekadenz und des menschlichen Elends entfernt, erheben sich im kalten Licht der Neonlampen die Hochburgen der Macht, in deren Gewölben ein Grossteil der Reichtümer der Welt angesammelt ist.[1]

Ist solche Übereinstimmung nun reiner Zufall, oder ist sie gewollt; oder ist sie das Resultat eines ausser Kontrolle geratenen Systems? Die Soziologen mögen darüber entscheiden. Aber während sie noch darüber diskutieren, wachsen die Spannungen unter den Bewohnern der grossen Metropolen. Die Brutalität

---

1 Vgl. *Thomas Wolf*, Es führt kein Weg zurück, in: *Hermann Glaser*, Weltliteratur der Gegenwart, Frankfurt a. M. 1970, 118.

nimmt zu, der Grad der Verelendung wächst. Und in dem Mass, wie die Menschen weiter in zunehmend verdichteten Wohnungen zusammengedrängt werden, nimmt auch ihre unbewusste Aggressivität zu. Auch verlieren sie Schritt für Schritt das Bewusstsein von der Einmaligkeit und dem Wert ihres gelebten Lebens. Solches aber geben sie niemals zu … Dies, so scheint es, ist die Lebenswirklichkeit eines grossen Teils der heutigen urbanen Menschen. Und mit dieser Wirklichkeit ist auch die Kirche in ihren Versuchen konfrontiert, neue Wege der Evangelisation zu finden.

Vor solchem Hintergrund gilt es, von Gott zu sprechen. Von einem Gott, den viele nicht mehr kennen. Vielleicht haben sie noch von ihm gehört, aber das, was sie hörten, ist oft derart entfernt von ihrer eigenen Erfahrungswelt, dass sie keinen Bezug mehr zu ihm finden. Andere wiederum fliehen vor ihm, da er ihnen primär als fordernder Gesetzesgott vorgestellt wurde. Und wieder andere halten zwar Verbindung zu Gott; seine kirchlichen Vertreter und Repräsentanten aber lehnen sie ab, da sie in ihnen vor allem die beamteten Funktionäre einer Kirchen-Institution sehen, von der sie nichts mehr erhoffen.

Angesicht einer solchen Wirklichkeit nun sind genau jene Institution und ihre Vertreter aufgerufen, eine neue Pastoral des urbanen Menschen aufzubauen. Die Adressaten jener Pastoral aber vergassen schon seit Langem, was damit eigentlich gemeint sein soll. Von Hirten und Schafen nämlich sprechen sie bestenfalls in den Märchen, die sie ihren Kindern erzählen. Der grösste Teil der zeitgenössischen urbanen Menschen denkt nicht mehr im Traum daran, sich als Teil einer Schafherde zu sehen, die durch einen Hirten geweidet wird. Dies aus dem einfachen Grund, weil sie schlicht keine Schafe mehr sind und dies auch keineswegs je sein wollen.

Der urbane Mensch des 21. Jahrhunderts akzeptiert den Gedanken nicht mehr, als Teil einer Viehherde in jene Richtung getrieben zu werden, die ein Hirte mit autoritärer Macht vorschreibt. Ein solches Bild verwerfen die emanzipierten Menschen unserer Zeit, und dies mit vollem Recht. Sie verwerfen es mit Verweis auf ihre Bildung, ihre akademischen oder beruflichen Fähigkeiten, durch die sie sich qualifizierten als Spezialisten, Facharbeiter und fachkundige Mitarbeiter in hochkomplexen Produktionsabläufen. Und selbst jene, die heute noch keine entsprechenden Positionen erreichten, werden dies in der Zukunft tun, und damit werden auch ihre Autonomie und ihr Selbstwertgefühl steigen.

Die Gesellschaft der Zukunft wird eine hochkomplexe Gesellschaft sein. Immer mehr ihrer Vertreter sind hochqualifizierte Spezialisten. Je mehr Kompetenz aber ein Mensch erwarb, umso weniger versteht er sich als «Schaf». Dies ist eine psychologische Tatsache. Die heutige und die zukünftige gesellschaftliche Situation entsprechen in nichts mehr jenem bis ins Mittelalter gültigen Paradigma, demzufolge nur die Männer der Kirche über Wissen und Ausbildung verfügten. Auch ist es nicht mehr so, dass eine kleine Klasse von gebildeten Klerikern einer riesigen Masse ungebildeter «Laien» gegenübersteht. Denn die Bewohner der heutigen Technologie-Metropolen verstehen sich keineswegs als Nichtwissende. Sie stellen im Gegenteil fest, dass sie in vielen Fällen die Wissenden sind; jene, die durch Ausbildung und Erfahrung die Strukturen ihrer Gesellschaft, die Anforderungen ihrer beruflichen Tätigkeit und die Mechanismen ihrer hochdifferenzierten Abläufe verstehen, denen gegenüber ihre «geistlichen Hirten» sich in vielen Fällen als völlige «Laien» erweisen.

Zu alledem gesellt sich in wachsendem Mass die Beteiligung einer neuen Klasse emanzipierter Frauen. Sie sind superqualifiziert und sich ihres Wertes wohl bewusst. Das Bild, das sie von sich selbst haben, entspricht in keiner Weise dem sattsam bekannten Klischee der Hausfrau, die sich mit dem Putzen der Wohnung beschäftigt und damit, dem Ehemann die geforderte Zahl an Kindern zu gebären. Stattdessen wird die aktuelle und weit mehr noch die zukünftige Gesellschaft geprägt durch eine neue Klasse blitzgescheiter und hochgebildeter Frauen, die ihre Fähigkeit zur Mutterschaft absolut hochschätzen, sich aber anderseits keineswegs mehr als Untergeordnete eines partiarchalischen Systems verstehen.

Immer mehr der heutigen und der zukünftigen Frauen unterscheiden sich in Qualifikation und Tätigkeit in nichts mehr von ihren männlichen Kollegen, und so wird auch die ehemalige männliche Vorherrschaft in der Arbeitswelt zunehmend und zu Recht ersetzt durch eine kollegiale Zusammenarbeit, die auf Respekt und gegenseitiger Achtung basiert.

Die Konsequenzen all dieser Änderungen zeigen sich bereits deutlich in der Gesellschaft, und sie werden in Zukunft noch weit stärker in Erscheinung treten. Weder Frauen noch Männer halten sich heute für «Laien», für Nichtwissende, denen folglich «von oben her» befohlen werden kann, wie sie zu handeln haben. Mit einem Wort: Menschen der nachindustriellen Gesellschaften verstehen sich keineswegs mehr als «Schafe».

Da sie dies aber nicht mehr sind und es auch nicht mehr sein wollen, verwerfen sie alle Versuche, sie weiterhin in autoritären Abhängigkeitsverhältnissen zu halten. Dies gilt auch für die religiöse Ebene. Weit mehr noch, wenn es sich um bevölkerungspolitische Fragen handelt, um Themen der beruflichen Ethik oder um die Frage, wie viele weitere Kinder sie in einer bereits übervölkerten Gesellschaft noch zu zeugen oder nicht zu zeugen beabsichtigen. «Wir sind keine unmündigen Schafe mehr», so sagen sie, und damit haben sie recht.

In einem bekannten Werk des Schweizer Schriftstellers Franz Hohler findet sich ein Text, der in beredter Weise diese neue Autonomie des urbanen Menschen zum Ausdruck bringt. Einer Autonomie, die auch ein neues religiöses und kirchliches Bewusstsein mit einschliesst.

Der Student Thomas Niederer, konfrontiert mit der Perspektive eines möglichen Vulkanausbruchs in der dicht bevölkerten Agglomeration der Stadt Zürich, beschreibt seine Haltung gegenüber der Kirche zur Zeit von Johannes Paul II. mit den folgenden Sätzen:

«Schon seit er volljährig war, ging er nicht mehr zur Kirche, und er würde auch, sobald er zu Hause einmal weg war, austreten. Abgesehen vom Glaubensanspruch, den diese Kirche stellte, fand er das Benehmen des alten Polen in Rom unerträglich, der sich in einer Zeit, zu der sich in den Staatswesen die Demokratie langsam durchsetzte, wie der letzte Monarch gebärdete und überall vertrocknete Bischöfe einsetzte, ob es dem Volk passte, oder nicht.»[2]

Ich muss bekennen, dass ich lange zögerte, den obigen Text in die Darlegungen des vorliegenden Buches einzufügen. Als Theologe und Mensch, der sich mit seiner Kirche identifiziert, fand ich ihn auf gewisse Art schockierend und provokativ. Es schien mir auch möglich, dass Leserinnen und Leser ihn als respektlos empfinden könnten. Dennoch aber glaubte ich schliesslich, das Zitat nicht übergehen zu dürfen. Wir können die Augen nicht vor der Tatsache verschliessen, dass es die im zitierten Text erscheinende Perspektive gibt. Wenn es sie aber gibt, dann gilt es, sich damit auseinanderzusetzen.

Literaturwissenschaft und Soziologie haben uns darüber belehrt, dass genau derartige Texte ernst zu nehmen sind. Sie zeigen nämlich wie in einem Spiegel bestimmte Denkweisen einer Epoche. Texte wie dieser, so sagen die Fachleute, müssen gelesen werden als Seismogramme der Gesellschaft, in der sie geschrieben wurden, und ebenso als Psychogramme der Menschen dieser Zeit. Angesichts solcher Tatsachen ist es nicht mehr möglich, Aussagen wie die hier zitierten zu ignorieren; ganz im Gegenteil: Bereits Johannes XXIII. und mit ihm das Zweite Vatikanische Konzil betonten die Wichtigkeit, die «Zeichen der Zeit» zu erkennen. Dies sind sie, die Zeichen der Zeit! Hier und bei so vielen anderen Gelegenheiten scheinen sie auf!

Vor etlichen Jahren schon unterzeichneten in Deutschland und in Österreich Millionen von Katholiken das so genannte Kir-

---

2 *Franz Hohler*, Der neue Berg, Frankfurt a.M. 1989, 327.

chenvolks-Begehren[3]. Auch darin widerspiegelt sich letztlich die Botschaft von Menschen, die es nicht mehr akzeptieren, als Schafe betrachtet und behandelt zu werden. Stattdessen wollen sie ernst genommen werden als autonome und intelligente Vertreter einer Basis, die keine Bevormundung mehr erträgt. Unreife Untertanen, die sich vor der Macht einer religiösen Autorität bücken, genau das wollen die Bewohner der Technologie-Metropolen des 21. Jahrhunderts nicht mehr sein. Und ihre noch christlichen Vertreter erinnern sich immer öfter an den Aufruf des Apostels Paulus, demzufolge Gott sie nicht zur Knechtschaft aufgerufen habe, sondern zu einer neuen Freiheit der Kinder Gottes.[4] – Keine Schafe mehr in der Kirche!

Mit dieser neuen Situation aber gelangt nicht nur eine bestimmte Art des kirchlich-institutionellen Selbstverständnisses an ihr Ende. Ebenso überholt erweist sich die darauf fussende Pastoral. Deren Adressaten weigern sich zunehmend und in immer grösserer Zahl, bedingungslos den Vorschriften und Geboten jener zu folgen, die sich als ihre bestellten Hirten erklären und sich selbst auch als solche verstehen. Nur fehlen heute in immer grösserem Ausmass die zu weidenden Schafe. Wo aber die Schafe fehlen, da braucht es keine Hirten. Was es aber braucht, sind Männer und Frauen, die sich im Namen Jesu als Diener der Menschen verstehen, und nicht als deren Gesetzgeber und Kontrollorgane. In den Technologie-Metropolen der Zukunft sind religiöse Funktionäre nicht mehr gefragt.

Stattdessen braucht es Menschen, die aus Überzeugung und aus einem mitten im Leben gelebten Charisma heraus sich dem priesterlich-diakonalen Dienst verpflichtet fühlen. Denn in den Technologie-Metropolen des nachindustriellen Zeitalters wimmelt es bereits jetzt von Frauen und Männern, die verzweifelt und oft ohne es zu wissen, auch nach dem religiösen Sinn ihres Lebens

---

3 Vgl. www.we-are-church.org, www.wir-sind-kirche.at.
4 Vgl. Röm 8,21; Gal 5,1.

fragen. Aber niemand hört ihnen zu; von überzeugenden Antworten ganz zu schweigen.

Dort, wo eine dienende Kirche von Nöten wäre, florieren esoterische Zirkel und Erweckungsbewegungen jeder Art. Psychoanalysen und Gurus erleben Hochkonjunktur, und um die existenzielle Leere der Massen zu füllen, produziert die Werbe-Industrie in ihren Megashows Helden für jeden Geschmack. Aber nach spätestens sechs Monaten sind sie bereits verbraucht und werden durch andere ersetzt.

Wo in alledem finden die Menschen noch Halt? Wo begegnen sie überzeugenden Vertretern einer Kirche, die sie nicht als Gesetzgeberin, sondern als Hilfe und Dienerin erfahren? Und wo in alledem begegnet uns jener autonome Mensch, von dem hier bereits so oft die Rede war? Ist es etwa so, dass die Schafe nur den Platz gewechselt haben und sich nun in Sportstadien, esoterischen Workshops oder in den Bildungszentren der Industrie wiederfinden?

Eine unbequeme Frage! Sie konfrontiert uns erneut mit den Widersprüchen unserer Zeit, die wir die «nachindustriellen» nennen – und vielleicht, wer weiss, bald auch die «nachchristliche». Denn die neue Autonomie bewirkt nicht nur neues Selbstbewusstsein, sondern auch neue Unsicherheiten.

2 Die neue Autonomie bewirkt anderseits auch mehr Unsicherheit

Der Mensch des nachindustriellen Zeitalters zeigt einerseits wirklich alle Merkmale einer neuen Grundhaltung von Autonomie und Selbstsicherheit. Anderseits aber ist er auch geprägt durch Zweifel und zunehmende Verwirrung. Dazu gesellen sich bei vielen eine an Verzweiflung grenzende Sinnleere und die daraus resultierenden frenetischen Versuche, das innere Vakuum durch künstliche Sinn-Substrate zu ersetzen. In einer derart von Gegensätzen und Spannungen geprägten Zeit müssten die Kirchen eigentlich voll sein. – Aber sie sind es nicht!

Diesbezügliche statistische Erhebungen zeigen auf, dass in Deutschland die Zahl der Gottesdienstteilnehmer von 1990–2010 um 42,5 Prozent gesunken ist. In der Schweiz besuchten bereits im Jahre 1999 nur noch 14,4 Prozent der Katholiken und 6,8 Prozent der Protestanten jeden Sonntag die Gottesdienste ihrer Konfession. Im Rahmen der Gesamtbevölkerung sind es von den 16–25-Jährigen noch 4,5 Prozent.[5] Diese Situation hat sich bis heute nicht verbessert.

Wo aber sind alle, die an den wöchentlichen Sonntagsgottesdiensten nicht mehr teilnehmen?

Und zu welcher Gruppe gehören die 14,4 Prozent der Katholiken oder die 6,8 Prozent der Protestanten, die noch regelmässig Gottesdienste mitfeiern? Repräsentieren sie den neuen Typ des autonomen Menschen, von dem in den vorangegangenen Seiten die Rede war?

Oder begegnen wir in ihnen vordringlich den anderen – jenen, die sich der neuen Autonomie verschliessen? Jenen, die sich vor der Selbständigkeit fürchten und die deshalb nach Autoritäten rufen und darum auch im kirchlichen Bereich «Schafe» bleiben wollen?

Fragen über Fragen, aber wer stellt sie noch?

Und wie soll man darauf antworten? Wie reagieren?

Und wie soll man jenen «Laiinnen und Laien», die so wenig dem uniformen und transparenten Bild der Laien früherer Tage entsprechen, wie soll man ihnen die Gehorsam fordernden Strukturen einer hierarchischen Kirche noch glaubhaft machen?

Und wie lässt sich anderseits mit diesen «neuen Laien» jenes zukunftsweisende Programm verwirklichen, das die lateinamerikanischen Bischöfe bereits 1992 in ihrer kontinentalen Konferenz

---

5 *Alfred Dubach/Brigitte Fuchs*, Ein neues Modell von Religion. Zweite Schweizer Sonderfallstudie – Herausforderung für die Kirchen, Zürich 2005, 145.111.

von Santo Domingo aufgestellt haben und das unter dem Schlagwort «Protagonismus der Laien» durch die lateinamerikanische Kirche realisiert wird, während es in Europa noch kaum oder überhaupt nicht bekannt ist?

Wo in unseren Kirchen begegnen wir jenen Laien, die als Protagonisten und Vorreiter einer neuen Art des Kirche-Seins auch innerkirchlich akzeptiert und gefördert werden?

Wollen «Laien» wirklich noch Protagonisten in dieser Kirche sein?

Oder ist anderseits die Amtskirche ihrerseits überhaupt an «Laien» interessiert, die nicht als nickende Schafe auftreten, sondern als kritisch agierende Reformer und Bannerträger einer Kirche, die sich dem Dienen verpflichtet, und nicht dem Befehlen?

Wollen jene, die bis jetzt das alleinige Sagen in der Kirche hatten, wirklich einen Protagonismus von Laien?

Und selbst wenn sie ihn bejahen, welche Art des Protagonismus akzeptieren sie?

Fragen über Fragen, und wie soll man darauf antworten?

Damit nicht jene Pessimisten recht behalten, die bereits jetzt das Verschwinden der Kirche als soziale Formkraft prophezeien, müssen wir versuchen, diese neuen Zeit und ihre Widersprüche zu verstehen.

Aber das Verstehen allein genügt nicht! Was es braucht, sind neue Antworten auf Herausforderungen, mit denen die Kirche bis heute noch nie konfrontiert war. Umso mehr ist diese Kirche herausgefordert, diese neue Zeit und ihre Mechanismen zu verstehen; ihre Mentalität, ihre Provokationen und ihre Fragen. Ebenso aber ist es notwendig, auch die Prozesse innerhalb der Kirche selbst zu untersuchen und zu begreifen:

- die Fluchtreaktionen gegenüber dem Neuen;
- die Versuche, überholte Machtpositionen zu bewahren;
- die Frustrationen, die sich einstellen, wenn eine an Macht gewöhnte Kirche plötzlich entdeckt, dass ein immer grösserer Teil der Gesellschaft ihre Vorschriften nicht mehr ernst neh-

men will und ihre jenseitsgerichteten Drohungen nicht mehr fürchtet.

Wie soll diese Kirche auf solches Verhalten reagieren?

Die einzige Antwort auf diese Frage scheint mir jene zu sein, die Papst Johannes XXIII. weitsichtig formulierte und die auch vom Konzil übernommen wurde: Es ist nötig, die Zeichen der Zeit zu erkennen!

Diese Zeichen aber werden sichtbar in einem Chaos aus Widersprüchen und Problemen. Sie konfrontieren uns mit einer neuen Mentalität des Willens zur Freiheit; gleichzeitig aber lebt auch noch jener alte Geist der Unterordnung und der Unterdrückung. Emanzipationsversuche und verzweifeltes Suchen nach Sicherheit gehen Hand in Hand. Wir leben in einer Übergangszeit. Die Zielrichtung und das Ende dieses Überganges aber lassen sich schon bestimmen: Es ist eine neue Haltung der Autonomie und der Selbstbestimmung auch gegenüber der Kirche.

3 Die grosse Herausforderung für die Kirche: Erkennen und Verstehen der neuen Situation

Angesichts der oben skizzierten Situation steht die Kirche vor der grossen Herausforderung, diese neue Zeit zu erkennen und zu verstehen, um dann konstruktiv und innovativ auf sie zu reagieren. Damit das aber möglich wird, ist es notwendig, zuerst einmal die wirklichen Ängste und Probleme der Menschen zu kennen, die in dieser neuen, nachindustriellen Gesellschaft leben. Dazu muss sich die Kirche einlassen auf die Ebene des Alltagslebens der Menschen, auf ihre Wünsche, Frustrationen und Sorgen. Dann muss sie in ihrer konkreten Pastoral auf diese Sorgen reagieren und beitragen zum Abbau von Ängsten und Frustrationen.

Zu oft aber kommt es vor, das kirchliche Stellen Programme, Dekrete und Verlautbarungen formulieren, ohne vorher im Geringsten zu fragen, ob diese auch den Bedürfnissen und Nöten der Menschen entsprechen.

Anderseits wiederum begegnen wir enormen pastoralen Anstrengungen, die sich aber immer noch an den Parametern einer ländlichen Gesellschaft orientieren. Kein Wunder also, dass sie in einem weitgehend urbanen und technologischen Kontext keinen Anklang mehr finden.

Damit dieses Schicksal der Lebensweltfremde nicht auch dem hier vorgestellten Projekt eines Protagonismus der Laien widerfährt, wird versucht, die veränderte Mentalität der postindustriellen Gesellschaft wenigstens in Ansätzen zu skizzieren. In dem Mass nämlich, wie die Kirche diesen neuen sozialen Kontext versteht und akzeptiert, wird sie fähig werden, den Menschen auch im Rahmen der darin entstandenen neuen Mentalität zu dienen. Dienen bedeutet ja, auf die Bedürfnisse jener einzugehen, die man be-dienen will.

Wer dient, schreibt nicht vor, was der Bediente zu tun habe, sondern fragt danach, was jener Bediente braucht. Was gebraucht wird, basiert nicht auf Annahmen, sondern auf Fakten. Eine dieser Annahmen, die sich in innerkirchlichen Kreisen hartnäckig halten, ist die Meinung, der urbane Mensch hätte seine Religiosität verloren; ja, er wäre völlig säkularisiert, und dies bedeute, dass Religion ihn nicht mehr interessiere. Stimmt das?

4 Ist der urbane Mensch säkularisiert?

Wir begegnen dem obigen Klischee selbst in populärwissenschaftlichen Publikationen über die urbane Gesellschaft. Aber entspricht es auch der Wahrheit? Ist der urbane Mensch wirklich ein säkularisiertes Wesen, das sich deshalb nicht mehr für religiöse Dimensionen interessiert?

Die Untersuchung der nachindustriellen Lebenswelt zeigt in der Tat, dass eine der dominanten Charakteristiken seiner Bewohner ohne Zweifel jene des *homo faber* ist: Die Haltung eines nach den Prinzipien der Nützlichkeit handelnden Subjekts; eines Pragmatikers, um es mit einem einzigen Begriff auszudrücken.

Aber ist dieser Pragmatiker auch völlig säkularisiert? Schliesst sein struktureller Pragmatismus wirklich von vornherein alles Interesse für Transzendenz aus, für Religion oder für Gott? Wir haben durch die Religionspsychologie gelernt, dass jede radikale De-Sakralisierung des Heiligen, im Gegenzug eine Re-Sakralisierung des Profanen bewirkt. Es scheint, dass der Mensch das religiöse Vakuum nicht erträgt. Wo das Sakramentale verschwindet, entstehen profane Kompensationsriten, die den entstandenen leeren Raum ausfüllen: feierliche Zeremonien bei Staatsempfängen; gigantische Eröffnungsfeiern der Olympischen Spiele; Fahnen- und Medaillenübergaben, und nicht zu vergessen die in den Massenmedien produzierten Idole.

Als unterschwellige Funktion all dieser profanen Liturgien begegnet uns letztlich immer der gleiche Versuch, eine Sehnsucht zu befriedigen, die sich im Grunde als Sehnsucht nach dem Heiligen entpuppt. Das Bild des säkularisierten urbanen Menschen erweist sich so als das, was es ist: Ein überholtes Klischee.

Als Gegenposition zu seinen überholten Inhalten formulieren wir als neue These die Aussage: Der urbane Mensch sucht die Transzendenz, ohne sich dessen bewusst zu sein.

5 Der urbane Mensch sucht Transzendenz, ohne es zu wissen

Die Welt des urbanen Menschen ist in erster Linie eine Arbeitswelt. Georg Lukacs hat diese Welt bereits vor langer Zeit als gottferne Wirklichkeit bezeichnet. Er sprach vom Menschen als einem vereinsamten Wesen, und die Welt bezeichnete er als unverständlichen Mechanismus, in dem die Macht der Fakten bis jetzt nie gekannte Dimensionen erreichte. In einer solchen Welt ist der Mensch wirklich verloren.

Eine derartige Welt funktioniert nach ihren eigenen Gesetzen. Die Gesellschaft basiert auf den Prinzipien vernetzter Planung, und ihre computergesteuerten Arbeitsprozesse folgen den Gesetzen des Marktes und der Forderung nach Maximierung des Gewinns. So entsteht der Eindruck, wir hätten alles unter Kontrolle. Damit wird in der Folge auch Gott nicht mehr gebraucht. In dieser kontrollierten und geplanten Welt aber geschieht immer wieder von neuem das völlig Unvorhergesehene: Die Menschen rebellieren:

- Streiks an den Produktionslinien der Autoindustrie;
- völlig frustrierte Bürger, und dies trotz einem Überangebot der Konsumindustrie;
- neurotisierte Kontrolleure vor den Bildschirmen der automatisierten Fabrikationsanlagen;
- enttäuschte Christinnen und Christen, die in esoterischen Praktiken und Kulten Unterstützung suchen;
- die Flucht in Drogen, Alkohol und Sex;
- Überfälle und Gewalt.

Alle diese Phänomene weisen letztlich auf das Gleiche hin: Hinter den Fassaden eines scheinbar lückenlos durchgeplanten Sozial- und Arbeitssystems verbirgt sich eine ungeheure Leere. Es ist die Leere des «nur Nützlichen». Es ist die Frustration des urbanen Menschen, dessen Welt völlig einseitig einzig auf das Wäg- und Messbare fixiert wurde.

Von allen Seiten festgelegt und getrimmt auf Leistung und Effizienz, fühlt der Mensch mit neuer Intensität die Tatsache, dass der letzte Sinn seines Daseins nicht auf dieser Ebene liegen kann. Auf dem Umweg über die Re-Sakralisierung des Profanen bricht das Irrationale wieder ein in die verwaltete Welt. Der urbane Mensch selbst ruft es zurück: Das respektvolle Schweigen beim Akt der Pokalübergabe nach einem Fußballspiel übernimmt jene sakramentale Bedeutung, die früher zur Erfahrung von Messe und Gebet gehörte.

Die Zahl jener aber nimmt zu, die beginnen, solche Pseudo-transzendenz zu durchschauen. Instinktiv bricht innerhalb der jungen Generation wieder die Suche auf nach wahrer Transzendenz. Immer mehr von jenen, die hineingezwängt wurden in ein nach rationalen Parametern vernetztes System, entdecken erneut die Dimension des Religiösen. «MEGATRENDS 2010», die bekannte Untersuchung über die weltweit am stärksten ausgeprägten Tendenzen, kommt für diese «religiöse Tendenz» zum Schluss: «The quest for spirituality is the greatest megatrend of our era.»[6] Eine analoge Feststellung findet sich auch in der Beschreibung der Forschungsprojekte von Sonja Windmüller am Institut für Volkskunde und Kulturanthropologie der Universität Hamburg:[7]

«Entgegen gesellschaftsanalytischer Prognosen vom Niedergang der Religion(en) lässt sich an der Wende zum 21. Jahrhundert ein neues Interesse an Religiosität und Spiritualität beobachten, das mit einer ‹Pluralisierung des Glaubens› einhergeht und von elementaren Verschiebungen im Beziehungsgeflecht zwischen ‹Kirchlichkeit, Religion und Religiosität› (Ponisch 2008) begleitet wird.»[8]

In diesem Zusammenhang ergibt sich die scheinbar paradoxe Feststellung, dass es letztlich genau ihre bis ins Letzte nach rationalen Kriterien gestaltete Lebenswelt ist, die die Menschen wiederum auf die Suche nach dem Transzendenten zu führen scheint. Diese Tatsache erscheint auf den ersten Blick widersprüchlich. Sie

---

6 *Patricia Aburdene*, MEGATRENDS 2010, Charlottesville 2007, 4.

7 www.uni-hamburg.de/rug/forschung/kulturgeschichte_kulturkunde/ volkskunde.html.

8 Ebd.

wird aber verständlich, wenn wir damit beginnen, die Mechanismen der durchgeplanten urbanen Lebenswelt zu analysieren: Deren Regelkreise wurden festgelegt nach den neoliberalen Parametern der Effizienz. Diese aber beantworten die existenziellen Fragen des Menschen nicht. Sie gehen nicht ein auf das immer neu aufbrechende Suchen nach einem letzten Sinn; und ebenso wenig stillen sie die Sehnsucht nach einem Sein, das über die reine Befriedigung materieller Bedürfnisse hinausgeht. Die Frage nach dem letzten Sinn des Lebens stellt sich daher mit neuer und bis anhin nicht gekannter Dringlichkeit, und dies sowohl für den Glaubenden als auch für jenen, der sich als Ungläubiger oder Agnostiker versteht.

Konfrontiert mit der letztlich gleichen Problematik stehen sie alle vor der Notwendigkeit, neue Wege zu suchen für eine authentische und menschliche Weiterentwicklung innerhalb eines unmenschlichen Systems. Interessanterweise ist es damit genau dieses System, das den Menschen zu neuer Ehrlichkeit zwingt. Zu jener Ehrlichkeit nämlich, vor der er immer fliehen konnte, solange er in den traditionellen Strukturen einer ländlichen Gesellschaft lebte. In dieser hielten ihn die Strukturen auf dem richtigen Weg. Sie determinierten seine Entscheidungen derart, dass es meist gar nicht nötig war, eine wirklich persönliche Wahl zu treffen.

In der Anonymität der urbanen Gesellschaft aber hat all dies sich verändert. Der Mensch steht vor der Notwendigkeit, selbst zu entscheiden. Die traditionellen Parameter eines festgefügten Verhaltenskodex existieren nicht mehr. Die überkommenen Modelle sind nicht mehr bindend. Und selbst die jahrhundertelang so deutlich gegenwärtige Stimme der religiösen Institution ist verstummt. Sie wird übertönt von den lauten pluralistischen Sinnangeboten der Konsumindustrie.

Wo lassen sich in einer derartigen Situation noch allgemeingültige Kriterien für menschliche Entwicklung finden? In den auf Effizienz getrimmten Organigrammen der Planungsstäbe tauchen sie nicht auf. So wendet sich der Blick des nun auf neue und weit subtilere Art und Weise verplanten Menschen beinahe zwangsläufig wieder den Dimensionen des Religiösen und des Sakralen zu. Damit aber öffnet sich der paradoxe Weg der Wiederkehr des Transzendenten durch eben jene Erfahrung, die das Transzendente auszugrenzen versuchte: die Säkularisation.

Die neue Wiederentdeckung des Transzendenten aber geschieht weitgehend nicht mehr auf dem Umweg über die Vermittlung durch eine religiöse Institution. Sie vollzieht sich vielmehr für immer mehr Menschen im direkten Kontakt mit dem gelebten Leben:

- Beim Erfüllen einer Aufgabe, die menschliche Werte vermittelt.
- Wenn Menschen sich auf irgendeine Weise in den Dienst anderer Menschen stellen.
- Dort, wo es gelingt, Liebe, Freude und Glück zu vermitteln.

Im Erleben solcher Erfahrungen schafft es der Mensch, *sich selbst in Bezug auf den anderen zu transzendieren.* Er überwindet die utilitaristischen Strukturen einer effizienzorientierten Leistungsgesellschaft und macht dabei die beglückende Erfahrung einer Dimension, die nicht nach Nützlichkeit und Maximierung des Gewinnes fragt. Dies aber ist der erste Schritt zur Entdeckung des Transzendenten innerhalb des Säkularen.

Die Suche nach solchen Erfahrungen findet sich bei immer weiteren Kreisen der urbanen Bevölkerung. Sie haben das nur auf Profit ausgerichtete Denken des neoliberalen Wirtschafts- und Denksystems seit Langem als unmenschlich demaskiert. Mit diesem neuen Bewusstsein entwickelt sich auch der Wunsch nach einer Dimension, die das Nützlichkeitsdenken transzendiert. Und so suchen die Menschen nach einer Transzendenz jenseits des finanziellen Gewinnes, jenseits der Sexualität und ausserhalb der Konsumtempel. Genau hier aber beginnt die grosse Aufgabe der neuen urbanen Pastoral.

Eine neue, vernetzte und auf den urbanen Menschen ausgerichtete Pastoral ist fähig, die Sensibilität gegenüber den genannten Prozessen zu unterstützen. Sie soll die Zeichen der Zeit erkennen, und dies innerhalb eines Kontextes, der säkularisiert erscheint, es aber in Wirklichkeit nicht ist. Die beobachtbaren Phänomene begannen ausserhalb der religiösen Sphäre, aber sie enthalten grundlegende Elemente von Religion. Auf diese einzugehen, ist eine der vordringlichsten Aufgaben der neuen pastoralen Betreuung des urbanen Menschen.

6 In der Erfahrung der Transzendenz erfährt der Mensch seinen letzten und eigentlichen Sinn

Die Erfahrung des oben beschriebenen neuen Typs von Transzendenz ist heute für viele urbane Menschen die einzige Art, in der sie Transzendenz überhaupt erleben. Sie zeigt sich für sie im Erleben einer neuen Art von Menschlichkeit und im Wahrnehmen zwischenmenschlicher Beziehungen, die die Kategorien von Effizienz und Nützlichkeit übersteigen. Diese Suche nach neuen Werten von Solidarität und Menschlichkeit aber bedeutet letztlich den ersten Schritt hin zur Entdeckung einer letzten Transzendenz, in der das menschliche Leben seinen eigentlichen Sinn und seine Bedeutung findet. Dies bedeutet in letzter Konsequenz die auch in Jesus Christus sichtbar werdende Tatsache, dass der Weg zu Gott ein Weg ist, der hin zum Menschen führt.

Ja, für einen Grossteil der Bewohner heutiger Städte ist der Weg hin zum Menschen der einzige Weg, auf dem sie auch Gott wiederzufinden vermögen:
- in der Erfahrung solidarischer Menschlichkeit;
- im Erleben geschwisterlicher Gemeinschaft;
- in der Konkretisierung gelebter Mitmenschlichkeit, die sich auch in partnerschaftlicher Nachbarhilfe ausdrücken kann oder in der Spende zugunsten hungernder Menschen in einem Entwicklungsland.

Diese neuen Zugänge zu ermöglichen, durch die der urbane Mensch die Dimension des Transzendenten wiederzuentdecken vermag, erweist sich als weitere zentrale Aufgabe jeder zeitgenössischen Pastoral.

7 Die urbane Gesellschaft ist keineswegs ein Ort der Zerstörung des Menschen

In komplettem Gegensatz zum negativen Bild der Stadt, so wie es auch heute noch nicht selten im religiösen Raum geboten wird, erweist die genaue Analyse urbaner Sozialstrukturen ein weitgehend anderes Bild. Es zeigen sich ausgesprochen positive Elemente und neue Ansätze, die auch für neue Erfahrungen der religiösen Dimension von ausserordentlicher Wichtigkeit sind. Dazu gehört als eine der vielleicht wichtigsten die Tatsache, dass der Mensch in der urbanen Gesellschaft eine ganz neue Dimension der Freiheit erfährt, so wie sie in einer ländlichen Gesellschaft kaum gelebt werden konnte.

Stadt als Ort der Freiheit, das ist die neue Dimension, von der aus sich die Daseinsweise und die Reaktionen des urbanen Menschen verstehen lassen. Damit diese Aussage verständlicher werde, ist es notwendig, die Grundstruktur der neuen, *urbanen Lebenswelt* mit ihrem *ländlichen Gegenbild*, der dörflichen Gesellschaft zu vergleichen. Bei dieser Gegenüberstellung nämlich erweist es sich, dass jene so genannte *dörfliche Gemeinschaft*, wie sie bis heute oft unbewusst im Kontext religiöser Pastoral als Modell und verlorenes Ideal im Hintergrund steht, keineswegs immer einem Ideal entsprach. Sie war und ist nämlich bis heute unter anderem geprägt durch eine rigorose und oft intolerante *soziale Kontrolle*. Jeder weiss alles über jeden, und wenn die Tochter des Nachbarn ein Kind erwartet, ohne verheiratet zu sein, oder wenn ein junger Mann sich als homosexuell erweist, so tuschelt auch heute noch das ganze Dorf darüber. Es tuschelt so sehr, dass manchen Menschen das Leben in ihrer angestammten Umgebung verunmöglicht wird.

In der urbanen Gesellschaft existieren derartige soziale Zwänge nicht; zumindest manifestieren sie sich in weit geringerem Mass. Die städtische Lebenswelt bietet die Voraussetzungen für grössere Toleranz. Dies aber eröffnet dem einzelnen Menschen einen weit umfassenderen Entwicklungsspielraum, ja, vielleicht ist sie sogar die Voraussetzung für Entwicklung überhaupt. Aus dieser Perspektive erweist sich die so oft bedauerte Anonymität der Grossstadt als notwendiger Schutz für die persönliche Sphäre des Einzelnen. Entbunden von den Zwängen sozialer Konventionen, gewinnt das Individuum einen neuen und grösseren Freiheitsraum zur Entwicklung seiner Persönlichkeit.

Es liegt auf der Hand, dass dieses Mehr an Freiheit anderseits die Notwendigkeit grösserer Verantwortung des Einzelnen mit einschliesst, und damit auch die Gefahr des Sich-Verlierens:
- keine soziale Kontrolle beschützt mehr vor Ehebruch;
- keine festgefügten Strukturen geben notfalls Halt und Unterstützung;
- der Mensch ist zwar frei, aber er ist oft auch allein.

Deshalb kann die neue Freiheit innerhalb anonymer Strukturen sehr schnell auch zu bedrückender Einsamkeit führen. Damit dies nicht geschieht, muss der Mensch der urbanen Gesellschaft lernen, seine Freiheit bewusst zu gestalten. Bewusste Freiheit leben aber heisst lernen, aus den unzähligen Möglichkeiten die richtigen auszuwählen.

8 Der urbane Mensch muss lernen zu wählen

Damit der breit gefächerte Raum seiner Freiheit sich nicht in bedrückende Anonymität verwandle, muss der urbane Mensch lernen zu wählen. Was mit der Auswahl aus dem Angebot abendlicher Fernsehprogramme beginnt, zieht sich bis zu den ganz persönlichen und existenziellen Ebenen des Lebens. Der urbane Mensch muss wählen, denn Nicht-Wählen bedeutet, dass andere es für ihn tun:

- Wer nicht auswählt, wird von andern in bestimmte Richtung gestossen.
- Wer nicht selbst wählt, wird durch Interessengruppen manipuliert. Damit aber entsteht die Gefahr zunehmender Fremdbestimmung mit all ihren möglichen Konsequenzen: Progressiver Verlust der eigenen Identität bis hin zu ausgeprägten Sinnkrisen.

9 Nicht wählen beinhaltet die Gefahr, den Sinn seines Lebens zu verlieren

Allzu oft wird der Grund für die erschreckende Sinnkrise vieler Menschen in den externen Strukturen der urbanen Gesellschaft gesucht: Mobilität, anonyme Wohnsituation, Verkehr und beruflicher Stress. Beim Versuch aber, den Sinnverlust des in solchem Kontext lebenden Menschen zu beheben, werden die gleichen Fehler begangen, wie wir sie beim Kampf gegen Alkohol und Drogenmissbrauch feststellen: Oft bekämpft man die Symptome!

Gleiches lässt sich auch bei den Lösungsversuchen der latenten Sinnkrise des urbanen Menschen feststellen: Sie wird erklärt als Folge des Strukturwandels der nachindustriellen Gesellschaft, und für ihre Lösung propagieren viele die Rückkehr zu vorurbanen Gesellschaftsformen oder Lebensweisen. Die grosse Mehrheit der postmodernen Menschen aber findet ihren Sinn nicht im Rückzug auf die Verhaltensmuster einer vorindustriellen Zeit. Das romantische Bild des Harmonika spielenden Vaters, der am Brunnen vor dem Tore und auf der Bank unter der Linde seine Kinder um sich schart, entspricht nicht mehr der Lebenswirklichkeit der urbanen Menschen. Die meisten von ihnen könnten auch gar nicht mehr zu solch vorindustriell-bukolischer Idylle zurückkehren, selbst wenn sie es wollten. Was sie aber suchen, ist ein Weg, um den Sinn ihres Lebens innerhalb der neuen, urbanen Strukturen zu finden. Und die Zahl jener, die diesen Sinn nicht finden, wird immer grösser. Verlust des Lebenssinns aber ist letztlich die Konsequenz einer entfremdeten Existenz, die dann entsteht, wenn der Mensch nicht gelernt hat zu wählen.

Umso mehr gehört es darum auch zum Aufgabenbereich einer zeitgemässen urbanen Pastoral, die Menschen bei diesem Lernprozess zu unterstützen.

Um aber wirklich wählen zu können, braucht der Mensch ein gewisses Mass an Autonomie. Er muss sich seiner Fähigkeiten bewusst sein, seines Wertes als Subjekt und ebenso seiner Verantwortung. Ein Mensch aber, der solches Bewusstsein einmal erlangte, lässt sich nicht mehr nach Art eines Schafes durch jene leiten, die ihm als seine Hirten und gottgewollten Hüter vorgestellt werden. Ihnen gegenüber reagiert er kritisch, unter Umständen auch rebellisch; sicher aber innovativ und auf eine Art, die auch bestehende Mechanismen und Strukturen zu hinterfragen wagt.

Dadurch stellen sich im kirchlichen Raum einige ernste und grundlegende Fragen:
- Wünschen die Vertreter der kirchlichen Institution überhaupt innovative und kritische Stellungnahmen?
- Sind sie bereit, auch bestehende Strukturen auf ihre Tauglichkeit hinterfragen zu lassen und sich neuen Perspektiven zu öffnen?
- Oder wünschen sie sich immer noch den fügsamen und autoritätsgläubigen Menschen der vorindustriellen Zeit, vor allem dann, wenn es sich um die Frage notwendiger struktureller Reformen handelt?
- Akzeptieren sie autonome und selbstbewusste Gläubige, die wirkliche Teilnahme und Mitverantwortung in der Kirche fordern? – Eine Mitverantwortung wohlgemerkt, die weit über das Recht hinausgeht, den nächsten Kirchenbazar organisieren zu dürfen.

- Sagen sie wirklich ja dazu, dass auch die Frauen vollumfänglich und verantwortlich in die kirchlichen Strukturen integriert werden?

- Wollen sie überhaupt Menschen, die aufgrund ihres Status als Getaufte Glieder der Kirche, in Autonomie und Verantwortung gegenüber dieser Kirche, auch Anordnungen kirchlicher Amtsträger kritisch zu hinterfragen beginnen?

Die emanzipierten Vertreter der nachindustriellen Gesellschaften machen genau dies. Sie fordern ihre Rechte ein und verlangen Mitsprache auch in der Frage, ob die zur Zeit herrschenden religiösen Strukturen wirklich dem Willen und der Absicht jenes Jesus von Nazaret entsprechen, nach dem die Kirche sich doch letztlich zu richten hat. Menschen, die so fragen, sind auch in der Kirche nicht immer gerne gesehen, und mancher zweifelt, ob den kirchlich-pastoralen Bemühungen wirklich die Bereitschaft und der Wille innewohnen, eine derartige neue Mentalität zu unterstützen und zu formen. Stattdessen scheint auch heute oft noch eine Haltung vorzuherrschen, die die Menschen weiterhin so zu bilden versucht, wie sie im kirchlichen Raum der Vergangenheit vorwiegend gesehen wurden: Als gehorsame und unterwürfige Schafe. In der Folge dieser Grundhaltung verbleibt dann auch eine pastorale Ausrichtung, die diese Menschen keineswegs zu umfassendem autonomem Denken, Entscheiden und Handeln führen will, sondern solches bestenfalls in ausgewählten und genau definierten Sektoren erlaubt. Für andere aber wird weiterhin fraglose Unterwerfung und bedingungsloser Gehorsam verlangt.

So aber lässt sich der urbane Mensch des 21. Jahrhunderts nicht mehr evangelisieren. Er beginnt zu protestieren, und wenn sein Protest unterdrückt oder abgewiesen wird, läuft er irgendwann davon und sucht sich andere Betätigungsfelder. Damit sind wir konfrontiert mit der so genannten schweigenden Emigration, dem wohl gefährlichsten Phänomen, dem sich die christlichen Kirchen gegenwärtig gegenübersehen. Wir kommen in den Abschnitten 15.2 und 16.2 ausführlicher darauf zu sprechen.

Die Reflexion über die neuen Charakteristiken des urbanen Menschen konfrontiert uns zwangsläufig mit der Notwendigkeit struktureller Reformen auch in der Kirche. Der urbane Mensch des 21. Jahrhunderts nämlich verwirft instinktiv eine Religion, die bei ihm den Verdacht weckt, ihn in einem Abhängigkeits- und Unterwerfungsverhältnis halten zu wollen. Konsequenterweise wendet er sich auch von einer Kirche ab, die er als autoritär oder bevormundend erlebt. In den meisten Fällen zeigt sich dieses Abwenden nicht direkt. Es manifestiert sich als zunehmendes Desinteresse, als Des-Engagement, als scheinbare Gleichgültigkeit und bei einem gewissen Prozentsatz auch als demonstrativer Austritt aus der Kirche. Hinter all diesen Haltungen aber steht in den meisten Fällen Enttäuschung gegenüber einer Institution, die als starr und autoritär erfahren wird. Der urbane Mensch der postmodernen Gesellschaft aber akzeptiert keine Evangelisierung mehr, die ihm den Eindruck von Bevormundung vermittelt.

Ihr gegenüber verweigert er sich, und die anschliessend meist schweigend erfolgende Emigration ist in der Kirche bis heute nicht in ihrer vollen Tragweite wahrgenommen worden. Zu oft noch wird das Phänomen einfach als Folge des Zeitgeistes oder als Konsequenz mangelnder Religiosität abgetan. In Wirklichkeit aber laufen der Kirche die Menschen davon, weil sie sich von dieser Kirche nicht mehr angenommen, nicht verstanden oder eben autoritär bevormundet statt verstanden fühlen. Auf diese Weise aber verlieren wir jedes Jahr abertausend Menschen. Was in den Statistiken als offizielle Zahl der jährlichen Kirchenaustritte erscheint, ist in Wirklichkeit nur die Spitze des Eisberges. Weit erschreckender und gefährlicher sind die ungeheuren Massen jener, die enttäuscht und frustriert der Kirche den Rücken kehren, ohne deshalb offiziell aus ihr auszutreten. Die junge Generation läuft davon, und in unseren Gottesdiensten finden sich in zunehmendem Masse nur noch Menschen im Pensionsalter. Damit aber wird die Kirche immer mehr zu einer Institution, die sich von ihrer Basis entfernt. Und die Basis, ihrerseits, distanziert sich zunehmend von der Institution. Die diesbezüglichen Zahlen über die Austritte aus der katholischen Kirche sprechen eine deutliche Sprache:

Schweiz (2010): Eine gesamtschweizerische Austritts-Statistik gibt es nicht. Für 2010 wird mit 25 000 bis 30 000 Personen gerechnet.[9]

Deutschland (2010): 181 193 Personen[10]

Österreich (2011) 58 603 Personen[11]

Die Menschen wenden sich (oft schon vor dem offiziellen Kirchenaustritt) dann anderen Institutionen zu, um vielleicht dort Antworten auf ihre existenziellen Fragen zu finden. Was sie dabei aber unbedingt zu vermeiden suchen, ist jede neue Einschränkung ihrer Freiheit oder jene neue Art von Bevormundung, Enttäuschung oder Frustration. Vielleicht ist ihr Eindruck, solches sei ihnen in der Kirche widerfahren, völlig falsch. Aber sie tragen ihn mit sich herum, und diese Tatsache prägt ihr zukünftiges Verhalten. Der Generalsekretär der Römisch-Katholischen Zentralkonferenz der Schweiz, jener Verbund der staatskirchenrechtlichen Organisation der Schweizer Katholiken, beschreibt die daraus folgenden Motive für Kirchenaustritte oder innere Emigration wie folgt:

«Ärger über kirchliches Machtgehabe oder über personelle Entscheidungen, Ekel angesichts des tiefen menschlichen und moralischen Versagens kirchlicher Amtsträger, Unverständnis über ethische Normen, die als realitätsfern oder überfordernd empfunden werden, Widerspruch gegen als diskriminierend

---

9 Die Schweiz führt keine gesamtschweizerische Statistik. Zahlen gemäss *Daniel Kosch*, Jeder Kirchenaustritt ist einer zu viel, in: kipa-apic.ch/index.php?na=0,0,0,0,d&ki=217016 (9.4.2013).

10 www.kirchenaustritt.de/statistik/.

11 www.sofort-kirchenaustritt.ch/wieviele_Kirchenaustritte_2011.html.

wahrgenommene Haltungen gegenüber Frauen, gleichge-
schlechtlichen Paaren oder Geschiedenen etc. Gefährlich für
die Kirchenzugehörigkeit ist auch der Eindruck, es werde
zunehmend unvereinbar, als moderner, für die Fragen der heutigen Zeit aufgeschlossener Mensch zu leben und gleichzeitig
katholisch zu sein.»[12]

Sämtliche soziologischen Untersuchungen weisen in der Tat in
die durch den obigen Text aufgezeigte Richtung: Die junge Generation von heute interessiert sich weiterhin für religiöse Fragen,
aber sie verwirft in zunehmendem Mass die alten religiösen Institutionen.

Auf diese Problematik offen und dynamisch zu antworten, erweist
sich immer mehr als eine der grossen Herausforderungen, denen
sich diese Institutionen heute und in Zukunft zu stellen haben.
Beim Herangehen an diese Aufgabe aber sind sie als erste dazu
aufgefordert, von vornherein jeden Machtanspruch aufzugeben.
Stattdessen haben sie wieder zurückzufinden zu jenem Geist des
Dienens, der sich im Evangelium des Johannes als eine der grossen Forderungen an alle Anhänger Jesu erweist. Von dieser Basis
her ergibt sich notwendigerweise eine neue Ausrichtung alles
kirchlichen Tuns: Dessen oberste Priorität hat die Frage zu sein,
ob dieses Tun den Bedürfnissen und dem Wohl der Menschen
dient. Dabei ist es wichtig, daran zu erinnern, dass solche Haltung bereits in tausenden von Gemeinden und kirchlichen
Gemeinschaften praktiziert wird.
    Und auch in der kirchlichen Institution selbst gibt es unzähli-
gen Priester und Ordensleute, die sich in bewundernswerter Weise
bemühen, einen Geist der Solidarität und der Geschwisterlichkeit
zu leben. In ihnen und in den von ihnen geleiteten Gemeinden

---

12 *Daniel Kosch*, Jeder Kirchenaustritt ist einer zu viel, in: kipa-apic.ch/
index.php?na=0,0,0,0,d&ki=217016 (9.4.2013).

wird zeichenhaft die neue Art des Kirche-Seins sichtbar. In einer solchen Kirche fühlen die Menschen sich wohl, und darum engagieren sie sich auch in ihr. In einer von solchem Geist geleiteten Pastoral verschwindet auch jenes traditionelle Bild von den Schafen, die durch ihre von oben bestellten Hirten geleitet werden. Die neuen Schlüsselworte ihrer Pastoral heissen stattdessen:

- Autonomie statt Gehorsam
- Teilnahme auch an den Entscheidungsstrukturen
- Dialog statt Dekreten von oben
- Zuhören statt anordnen
- Liebe statt Strafandrohung
- Dienen statt befehlen
- Mitverantwortung statt blindem Gehorsam.

Diese Art der Evangelisierung nimmt der urbane Mensch des 21. Jahrhunderts an, ja, er sucht sie geradezu. Jeder anderen aber geht er aus dem Weg. Die Gründe für diese neue Art des Verhaltens finden sich vor allem in den spezifischen Strukturen, innerhalb derer der Mensch der nachindustriellen Epoche lebt und arbeitet. Sein Leben ist geprägt von Zwängen sowie sozialen und strukturellen Notwendigkeiten, denen er nicht auszuweichen vermag. Diesen progressiven Verlust der sozialen Autonomie nun versucht er durch die Ausweitung seiner emotionalen Freiheiten zu kompensieren. Zu genau diesem Feld aber gehört weitgehend auch die religiöse Dimension.

10 Die sozialen Zwänge werden kompensiert auf der Ebene der individuellen Freiheit

Die Gesellschaft der Technologie-Metropolen ist von extremen Gegensätzen geprägt, die sich kaum harmonisieren lassen. Der Zunahme emanzipatorischen Selbstwertgefühls steht eine verzweifelte Suche nach Sicherheit gegenüber. Das Verwerfen jeglicher Art von Bevormundung geht Hand in Hand mit dem Wunsch nach Orientierung und Führung. Dazu gesellt sich die Wirklichkeit einer Arbeitswelt, die geprägt wird durch ein System von Zwängen, deren Ziel immer in die gleiche Richtung läuft: Dem Erreichen maximaler Effizienz aller Produktionskräfte. An dieses System ist der postindustrielle Mensch weitgehend ausgeliefert. Er kann nicht entweichen, da er sich durch ebendieses System seinerseits in Dutzende von Verpflichtungen einbinden liess: Erhalt des sozialen Status, Bezahlen der monatlichen Raten für so und so viele Produkte, Kauf eines neuen Fernsehers, eines neuen Autos, eines neuen Anzugs, Wohnungsmiete und so vieles andere mehr.

Gleichzeitig aber bedroht eine permanente strukturelle Wirtschaftskrise seinen Arbeitsplatz. Auf ihn aber ist er zwingend angewiesen, um seinen finanziellen Verpflichtungen zu genügen, in die er unter dem manipulatorischen Druck des Systems erst geriet.

In der Folge hat er sich allen Forderungen des Chefs oder der Firma zu beugen; anderseits aber besteht eine dieser Forderungen darin, ein selbständig und kritisch denkender Mitarbeiter zu sein.

So ist sein Leben geprägt von einer konstanten Suche nach Freiheit und der gleichzeitigen Erfahrung, diese Freiheit durch zunehmende systemische Zwänge gefährdet zu sehen. Es wird von ihm verantwortliches Handeln und Entscheiden verlangt; aber gleichzeitig erfährt er sich als Rädchen innerhalb anonymer und miteinander vernetzter Strukturen, deren rationale Planungsmodelle auch die letzten Überreste von Spontaneität zu zerstören drohen. Was übrig bleibt, ist existenzielle Angst. Diese Angst aber darf nicht gezeigt werden, weil das System zum Erreichen maximaler Effizienz wiederum den autonomen, selbständig begutachtenden und entscheidenden Mitarbeiter fordert. Die daraus resultierende Spannung lässt sich auf die Dauer auch in den Konsumtempeln nicht mehr verdrängen.

So wird denn die ungestillte Sehnsucht nach wirklicher Freiheit immer grösser. Je weniger diese aber verwirklicht werden kann, je mehr der Mensch sich im normativen Kontext des sozialen und beruflichen Lebens verstrickt, umso grösser wird der weitgehend unbewusste Widerwille gegen jede Art von Fremdbestimmung. Da deren Abwehr aber auf beruflicher und gesellschaftlicher Ebene eher nutzlos bleibt, äussert sie sich auf anderen Gebieten; etwa als oft unbewusste Aggression gegenüber wirklichen oder imaginären Bevormundungen auf emotionaler und religiöser Ebene.

In der Folge verwerfen zunehmend mehr Menschen jene religiösen Systeme, die ihnen als legalistisch erscheinen oder als Ansammlung von Verboten, Dekreten, Drohungen und Sanktionen. Mit alledem sind sie in ihrem beruflichen Alltag bereits zur Genüge konfrontiert. Sie leben ständig in der Spannung zwischen dem normativem System ihrer Arbeitswelt und den gleichzeitigen Autonomie-Forderung ebendieses Systems. Die daraus entstehende unterschwellige Abwehrreaktion gegen Bevormundung dürfte eines der Hauptmotive dafür sein, dass sich heute viele Menschen mehr oder weniger bewusst von der Kirche distanzieren. Sie tun es in dem Augenblick, da die Kirche sich als religiöse Weiterführung eines Kontrollsystems zu erweisen scheint, mit dem die Menschen bereits in ihrer profanen Arbeitswelt konfrontiert sind.

Solche weitgehend unbewussten Mechanismen zu verstehen, erweist sich heute vor allem für die Kirche als unabdingbar. Der emanzipierte Mensch der Technologie-Metropolen verwirft nämlich keineswegs von vornherein den Glauben an Gott. Diese Tatsache wird wohl eher ungewollt, selbst durch eine Quelle wie atheismus.ch/02_aktuell/statistik bestätigt. Dort nämlich werden für die schweizerische Bevölkerung des Jahres 2005 die folgenden Zahlen angeführt: 77 Prozent glauben an einen Gott; 64 Prozent glauben an ein Leben nach dem Tod; aber nur 36 Prozent vertrauen noch den Kirchen.

Gemäss der statistischen Angaben von «kirchensite» des Bistums Münster wiederum glauben in Deutschland 41 Prozent der jungen Katholiken von 14–17 Jahren stark an Gott und 41 Prozent mittelstark. Ebenso halten über die Hälfte der jungen Katholiken und 39 Prozent der Protestanten den Gottesdienst für wichtig.[13]

Vertrauen in die Kirchen aber haben nach einer von der Leipziger Volkszeitung in Auftrag gegebenen repräsentativen Umfrage unter 1000 Erwachsenen nur noch 28 Prozent der Ostdeutschen und 38 Prozent der Westdeutschen.[14] Als europaweiter Trend, so heisst es, lasse sich «ein kontinuierlicher Rückgang traditioneller kirchlicher Strukturen feststellen»[15]. Und die Wochenzeitung Christ & Welt Nr. 52/2011 kommt mit der Überschrift «Was wollen die Schäfchen» zu folgendem Schluss: «Die Entkonfessionalisierung im Sinne wachsender Distanz zur Amtskirche wird also weitergehen.»[16] Das eigentliche aus derartigen Daten ersichtliche Problem ist, wie es scheint, nicht die Frage nach Gott an sich, sondern weit mehr jene nach der Stellung der religiösen Institution. Was der Mensch des 21. Jahrhunderts offensichtlich zunehmend ablehnt, sind die Zwänge all jener Systeme, die ihn über das bereits bestehende Netz seiner sozialen und beruflichen Verpflichtungen hinaus mit noch weiteren Geboten und Vorschriften belasten. Damit aber sind direkt auch alle jene religiösen Institutionen betroffen, die auf die eine oder andere Weise den Verdacht erwecken, unterdrückend zu sein oder unbedingten Gehorsam zu verlangen. Vielen Systemzwängen in der Zivilgesellschaft kann der Mensch nicht ausweichen. Auf religiöser Ebene aber besteht noch die Möglichkeit, wirkliche oder imaginäre Unterdrückungsmechanismen zu verwerfen. Folglich verwirft er sie. Und da religiöse Zwänge im Allgemeinen identi-

---

13 kirchensite.de/aktuelles/kirche-heute/kirche-heute-news/datum/2010/01/06/jeder-zweite-junge-mensch-glaubt-an-gott/ (9.4.2013).

14 Vgl. kirchensite.de/aktuelles/kirche-heute/kirche-heute-news/datum/2010/11/12/vertrauen-in-kirchen-stark-zurueckgegangen/ (9.4.2013).

15 kirchensite.de/aktuelles/kirche-heute/kirche-heute-news/datum/2010/11/05/wachsende-skepsis-gegenueber-religionen/ (9.4.2013).

16 christundwelt.de/detail/artikel/was-wollen-die-schaefchen/ (9.4.2013).

fiziert werden mit den zugehörigen religiösen Institutionen, verwirft er auch diese Institutionen.

Diesen weitgehend unbewussten Reaktionen wird heute im kirchlichen Raum kaum Beachtung geschenkt. Sich ihrer bewusst zu werden, eröffnet neue Ebenen des pastoralen Handelns. Damit aber geschieht der erste Schritt hin zu einer Kirche, die nicht mehr befehlen will, sondern dienen. Eine solche Veränderung der Perspektive gewinnt vor allem an Bedeutung angesichts der Tatsache, dass ein Grossteil der Menschen des nachindustriellen Zeitalters keineswegs die Religion an sich verwirft, sondern vielmehr eine religiöse Institution, die den Anschein erweckt, sie würde Unterordnung und Verlust an Freiheit mit sich bringen.

Die Ablehnung der Kirche als Institution erreicht in der Tat bei nahezu allen Untersuchungen über die Bewusstseinslage des urbanen postmodernen Menschen erschreckend hohe Werte. Die diesbezüglichen Statistiken lassen darüber keinen Zweifel:

- Im Rahmen des schweizerischen Nationalen Forschungsprogramms 58 «Religionsgemeinschaften, Staat und Gesellschaft» zeigt sich, dass in der Schweiz von 1229 befragten Personen 64 Prozent den institutionellen Konfessionen distanziert gegenüberstehen.[17]
- Nach Angaben des Schweizerischen Pastoralsoziologischen Instituts betrug im Jahr 2000 der Anteil der Konfessionslosen in der Schweiz 11 Prozent. Die Zugehörigkeit zur katholischen Kirche ging zwischen 1970 und 2000 von 49,4 auf 41,8 Prozent zurück.[18]
- In Österreich sank der Anteil der Mitglieder der katholischen Kirche im Zeitraum zwischen 1986 und 2003 von 84 auf 75 Pro-

17 KIPA-Woche, Nr. 14, 5.4.2011, 245.
18 www.spi-stgallen.ch/default.asp?id=12010000&siteid=1&langid=de.

zent; in der Grossstadt Wien betrug der Anteil der Katholiken 2003 noch 58 Prozent.[19]

- Für Deutschland gilt: «Seit 1990 verliessen nach den jüngsten Statistiken der Deutschen Bischofskonferenz insgesamt über 2,6 Millionen Menschen die Kirche.»[20]
- Eine 2005 in der Millionenstadt São Paulo durchgeführte Befragung von 5160 Jugendlichen im Alter von 14–18 Jahren ergab, dass 44,9 Prozent wenig oder kein Vertrauen in religiöse Institutionen haben.[21]

Diese Zahlen geben in statistischer Umschreibung Auskunft über das Verhältnis der Menschen zur religiösen Institution. Sie widerspiegeln damit aber indirekt auch den Stellenwert, den Religion als solche überhaupt einnimmt. Zur Frage der «Religiosität in der modernen Welt» kommt das vom Schweizerischen Nationalfonds unterstützte Projekt NFP 58 für die schweizerische Bevölkerung zu folgendem Ergebnis:

«Die meisten Schweizerinnen und Schweizer zählen in Bezug auf ihre Religiosität zu den Distanzierten. Die Religion ist in ihrem Leben zwar präsent, spielt aber keine wichtige Rolle.»[22]

Gemäss den vorliegenden Daten lässt sich also augenscheinlich eine Korrelation feststellen zwischen dem Verhältnis der Menschen zur religiösen Institution und jenem zur Religion an sich. Basierend auf dieser Tatsache ergibt sich dann als ernstzuneh-

---

19 Vgl. *Wolfgang Schulz*, Österreich zur Jahrhundertwende, Wiesbaden 2005, 61.

20 Der Spiegel, Nr. 38, 19.9.2011, 64.

21 Zeitschrift EPOCA, Nr. 308, 29.8.2005, 76.

22 Die Religiosität der Christen in der Schweiz, Forschungsresultate aus ausgewählten Projekten des Nationalen Forschungsprogramms «Religionsgemeinschaften, Staat und Gesellschaft» (NFP 58), 12, online unter www.nfp58. ch/files/downloads/NFP58_Themenheft04_DE.pdf.

mende Herausforderung an jede religiöse Institution die Feststellung: Die Ursache der Distanziertheit von Menschen gegenüber der Religion hängt offensichtlich weitgehend davon ab, wie diese Religion durch die entsprechende religiöse Institution dargestellt wird. Wenn dem aber so ist, dann erweist es sich als absolut zwingend, die in den Darlegungen des vorliegenden Kapitels skizzierten Gründe der Distanziertheit gegenüber der religiösen Institution ernst zu nehmen und zu versuchen, diese Gründe zu eliminieren.

11 Die Menschen der Technologie-Metropolen suchen Befriedigung angesichts eines zunehmenden existenziellen Vakuums

Das Angebot der religiösen Institutionen trägt für immer weniger Menschen dazu bei, ihre Sehnsucht nach Sinnfindung zu stillen. Gleichzeitig aber wächst in ihren Herzen ein emotionales Vakuum heran, das bereits jetzt erschreckende Dimensionen erreicht. Ein Gefühl der Sinnlosigkeit und Absurdität verbreitet sich unter den Bewohnern der Technologie-Metropolen. Es ist weitgehend noch unbewusst. Und es wird betäubt durch den Lärm der Einkaufszentren und der Vergnügungsparks. Aber es ist da; ungestillt und unbeantwortet. Der Konsum allein befriedigt nicht mehr.

Die Sexualität, gefeiert auch als Heilmittel gegen Frustration und Stress, erweist sich als unfähig, die Leere des Sinnverlustes zu kompensieren.

Damit aber beginnt ein immer schnellerer Teufelskreis von Frustrationen und Versuchen, diesen zu entrinnen. Wer dabei gewinnt, sind der Konsum und seine Vertreter, später dann die Psychotherapeuten, falls die finanzielle Situation es erlaubt. Den weniger Bemittelten bleibt nur die Möglichkeit, ihre ungestillten Sehnsüchte in die Heldinnen und Helden der Fernsehfilme zu projizieren. Was übrig bleibt, sind weitere Frustrationen und nutzlose Versuche, das wachsende emotionale Vakuum aufzufüllen.

Wo aber ist in dieser Situation die Kirche?
Wo bleibt ihre Pastoral?
Und wo in alledem finden sich noch genügend wirklich im Leben stehende Männer und Frauen («Laien»), um dieser Pastoral durch ihren Protagonismus ein überzeugendes Gesicht zu verleihen?
Und wo in der Kirche findet der durch ein logisch-dogmatisches System unfehlbarer Lehraussagen abgeschreckte Mensch noch einen Ort?
Doch sucht er ohnehin genau das Gegenteil:
Einen Ort menschlicher Begegnung und Wärme.
Die Erfahrung von Freiheit und Angenommen-Sein.
Die Möglichkeit spontaner Emotionalität.
Ebendies aber finden die meisten Menschen in den traditionellen Kirchen nicht mehr. Sie entdecken es stattdessen in einer Vielzahl von Pfingstbewegungen unterschiedlichster Tendenzen. Meditationszirkel und esoterische Kulte, Sekten und charismatische Gruppen, afrikanische Riten und New Age, sie alle bieten sich an, um die frustrierten emotionalen Bedürfnisse immer grösserer Bevölkerungsschichten auf ihre Weise zu befriedigen.
Vor dieser Situation stehen wir; und auf sie zu antworten, ist eine weitere Herausforderung, mit der die Kirchen sich auseinanderzusetzen haben. Was in einer Geschichte von Jahrhunderten ausgebaut und propagiert wurde als das grosse Ideal, eine einheitliche und uniformierte religiöse Institution, hat seinen Wert in den Augen der meisten urbanen Menschen weitgehend verloren. Auf diesen grundlegenden Mentalitätswandel mit neuen und überzeugenden Sinnangeboten zu antworten, ist nicht leicht. Die Antworten zu verweigern oder sie endlos zu verzögern, beschleunigt noch die Tendenz von immer grösseren Bevölkerungsgruppen, sich schweigend von der Kirche abzuwenden.

12 Die Kirche, herausgefordert durch eine grundlegende Mentalitätsveränderung

Auch in der Kirche weht der Geist Gottes dort, wo er will. Und gelegentlich weht er auch dort in einer Richtung, von der viele Vertreter dieser Kirche vielleicht vorzögen, dass er auf diese Weise nicht wehen würde. Er aber tut es dennoch, und diese Tatsache belegt wie kaum eine andere eine der tiefsten und beglückendsten Wahrheiten über unsere Kirche. Sie vermittelt auf der einen Seite den Eindruck, sie werde primär vor allem noch von jenen Menschen bejaht, die vor den epochalen Umwälzungen der Zeit in einen sicheren Hafen zu flüchten versuchen. Anderseits aber ist es genau diese Kirche, die auch heute überraschend moderne, fortschrittliche und umwälzend innovative Projekte entwickelt. Werk des göttlichen Geistes, der weht, wo er will; unbequem für all jene, die es sich häuslich eingerichtet haben in der traditionellen Behausung ihrer Religion. Der Geist Gottes aber reisst sie heraus aus ihren Rückzugspositionen und bricht ihre zementierten Gebäude auf.

So geschah es zum Beispiel im geschichtlichen Ereignis des Zweiten Vatikanischen Konzils. Papst Johannes XXIII. gelang der Anstoss, um die Mauern einer in sich geschlossenen Kirche niederzureissen. Gegen alle Warnungen und ungeachtet der unzähligen Appelle zur Vorsicht hat dieses Konzil die Herausforderung formuliert, die Kirche habe sich zu öffnen gegenüber den Zeichen der Zeit.

Ungeachtet aller Versuche, die damals begonnene Öffnung rückgängig zu machen und wieder zurückzukehren zur «grossen Disziplin» der alten und uniformen kirchlichen Institution, hat sich der innovative Geist des Konzils bis heute gehalten. Er wirkt und beunruhigt und fordert heraus, getreu jenem Geist, der an Pfingsten die ersten Jünger herausforderte, die sich hinter Mauern und verschlossenen Türen verschanzt und eingeschlossen hatten.

Zeichen der Zeit aber war es nicht, Türen und Fenster zu verschliessen und eine in sich abgeriegelte Institution zu schaffen. Darum brach der Geist Gottes ein in jene Mentalität seinerzeit, und er tut es bis heute. Er sprengte die verrammelten Türen auf im Sturm und im Feuer, damit jene Frauen und Männer herausfänden aus ihren kleinlichen Ängsten und beginnen, das zu werden, was sie sein sollten: Salz der Erde; Ferment, das verändert; taugliche Werkzeuge für das kosmische Projekt eines Gottes, der diese ganze Gesellschaft umformen will in eine Welt, die in den biblischen Schriften beschrieben wird als «Gottesreich».

Was aber damals galt, das gilt heute und in alle Zukunft: Eine Kirche, wie Gott sie will, darf sich nicht hinter Mauern verschanzen, seien sie aus Stein oder aus jahrhundertealten Strukturen und Dekreten. Diese als unveränderbar und zementiert für alle Ewigkeit zu erklären, war in allen Epochen eine der grossen Versuchungen jeder Institution. Der Geist Gottes aber hat zu allen Zeiten jene Schutzwälle wieder niedergebrochen und die verschlossenen Türen geöffnet. In sich geschlossene und als unveränderbar erklärte Systeme gehören nicht zu seinen bevorzugten Projekten. Die ganze Kirchengeschichte ist voll von Versuchen, solche Systeme zu errichten. Immer aber wurden sie wieder abgebaut und überwunden durch das dynamische Wirken eines Geistes, der alle Dinge erneuert.

Solche Dekonstruktion geschieht gelegentlich in plötzlichen und spektakulären Aktionen, so wie sie etwa die Einberufung des Zweiten Vatikanischen Konzils kennzeichnen. Sie vollzieht sich aber auch unbemerkt, sozusagen durch die Hintertür, in langsamen und kaum sichtbaren Prozessen, die aber dennoch keineswegs weniger wirksam sind. Ein solcher Prozess scheint heute abzulaufen, ein revolutionärer und wirklichkeitsverändernder Prozess. Er begann weitgehend unbemerkt. Aber er hat die Kraft einer strukturellen Revolution, die das Gesicht der Kirche verändern wird.

Viele haben diesen Prozess noch nicht bemerkt. Aber er ist im Gange. Andere haben ihn verstanden, und sind erschrocken. Es gibt Versuche, ihn zu bremsen oder zu ersticken durch die Rückkehr zu neokonservativen oder neozentralistischen Formen. Ungeachtet aber aller dieser Versuche schreitet er voran und breitet sich aus, schnell manchmal, und dann wieder zögernd; langsam oder im Sturm.

Worum es sich dabei handelt, ist ein Emanzipationsprozess innerhalb der Kirche selbst. Ein Prozess, der wie kaum ein anderer den Zeichen der Zeit entspricht. Ein Prozess, der durch die Kirche selbst ausgelöst wurde, unter Applaus oder mit Befürchtungen, je nach der religiösen Mentalität der Betroffenen. Sein Fortschreiten wird geschlossene Bollwerke öffnen und Systeme aufbrechen, die ursprünglich in guten Treuen als Schutz errichtet wurden. Im Verlauf der Zeit aber wuchsen sie zu Institutionen heran, die immer mehr der Gefahr erliegen, sich in sich selbst zu verschliessen. Der Prozess, auf den ich mich beziehe und der die Mauern vieler verschlossener kirchlicher Strukturen aufbrechen wird, wurde von der Kirche selbst angestossen. Er heisst Protagonismus der Laien. In ihm erscheint eines der vielen Signale für das Wirken des Geistes Gottes in der Kirche.

13 «Protagonismus der Laien»: Das wirklichkeitsverändernde Projekt für eine Kirche, die sich den Herausforderungen der Zukunft stellt

Der Protagonismus der Laien wurde als Ziel und Aufgabe formuliert durch die Hierarchie der Kirche. Sein Programm setzt beispielhaft die Apelle des Konzils um, die Kirche habe auf die Zeichen der Zeit zu antworten. Und die Zeichen der Zeit sind unter anderem die folgenden: Die Laien, das heisst, die nicht-ordinierten Frauen und Männer in der Kirche, sind keine «Laien» mehr.

Und sie verstehen sich keineswegs mehr als «Schafe», die, ohne zu denken, den Anweisungen ihrer Hirten folgen.

In den vorgehenden Kapiteln haben wir über den psycho-sozialen Hintergrund dieser Tatsache reflektiert.

In der lateinamerikanischen Kirche wurden gegenüber der neuen Situation bereits am Ende des 20. Jahrhunderts konkrete Schritte unternommen. In ihrer vierten Lateinamerikanischen Bischofskonferenz von 1992 in Santo Domingo (SD) haben die 234 dort versammelten Bischöfe und Kardinäle nicht nur feierlich die *prophetische vordringliche Option für die Armen*[23] bestätigt; sie akzentuierten auch in ganz spezieller Weise die Herausforderung, den Protagonismus der Laien zu übernehmen und zu verwirklichen. Der hier gebrauchte Begriff des Protagonismus der Laien ist dabei zu verstehen unter der bereits vom Zweiten Vatikanischen Konzil betonten Perspektive der Kirche als Volk Gottes. Von dort her muss der Begriff des Laien primär gesehen werden unter seiner Bedeutung, Mitglied des Volkes Gottes zu sein. Der damit verbundene Protagonismus bedeutet dann die spezielle und ganz bewusste Übernahme von Mitverantwortung am Geschehen in dieser Kirche. Wer aber solche Mitverantwortung übernimmt, sind alle nicht-ordinierten Glieder des Volkes Gottes, Männer ebenso wie Frauen, ohne Einschränkung und ohne Unterschied!

«Alle Laien [das heisst die Frauen ebenso wie die Männer] sollen Protagonisten der neuen Evangelisation sein, der Förderung der Menschlichkeit und der christlichen Kultur. Dazu ist die beständige Förderung der Laienschaft notwendig, und zwar frei von allem Klerikalismus und ohne Reduktion auf das Innerkirchliche.» (SD 97)

«Auf Grund der Wichtigkeit der Teilnahme der Laien an der neuen Evangelisierung [...] erklären wir, dass eine erstrangige

---

23 Schlussdokument der Konferenz von Santo Domingo, Nr. 296.

Linie unserer Pastoral [...] jene einer Kirche sein muss, in der die gläubigen Laien Protagonisten sein sollen.» (DS 103)

«Ein spezieller Protagonismus kommt den Laien zu, und dies in Weiterführung der Orientierungen der Apostolischen Exortation *Christifideles laici*.» (SD 293)

Die hinter diesem formulierten Programm stehende Idee ist derart traditionell biblisch und gerade darum so revolutionär, dass sie bei vielen Angst auslöst. Nicht wenige innerhalb der Kirche selbst hoffen bis heute, dass sie in Vergessenheit gerate. Immer mehr Verantwortliche in der Kirche aber betonen mit zunehmendem Gewicht, dass es sich bei diesem Protagonismus der Laien in der Tat um die richtige und adäquate Antwort auf eine völlig neue soziale Situation handle. Die Antwort nämlich auf eine Wirklichkeit, deren Auswirkungen die Mentalität der Menschen das 21. Jahrhundert derart prägen werden, dass die Mehrzahl der in den vergangenen 2000 Jahren gesammelten pastoralen Erfahrungen sich als unbrauchbar und überholt erweisen dürfte. Die Erfahrungen der Vergangenheit lassen sich nicht mehr einfach auf die neue Wirklichkeit einer postmodernen Gesellschaft übertragen.

In Umkehrung des bekannten biblischen Bildes (vgl. Mk 2,22) nämlich liesse sich auch diese Gesellschaft als «neuer Wein» bezeichnen, und jeder Versuch, diesen neuen Wein in den alten Schläuchen traditioneller Pastoral aufbewahren zu wollen, wird diese Schläuche nur weiter zerstören. Über die Zwangsläufigkeit eines solchen Mechanismus hat bereits jener sich ausgelassen, auf den die Kirche sich primär beruft: Jesus von Nazaret. Was er zu seiner Zeit formulierte, hat schon damals vielen nicht behagt. Und es wird auch heute von jenen nicht gerne gehört, die die alten etablierten Systeme und Strukturen mit allen Mitteln verteidigen.

Ungeachtet aller Einwände aber hat die Kirche selbst die Grundlagen für eine neue innerkirchliche Struktur gelegt; – trotz allen Widerständen und entgegen aller Verzögerungstaktiken auch vieler ihrer eigenen Vertreter auf allen Ebenen. So aber ist die Kirche: Widersprüchlich und dynamisch, und genau aus diesem Grund immer wieder faszinierend. Der Geist Gottes weht in der Tat in ihr, und er weht, wo er will.

Der Gedanke des Protagonismus der Laien wurde aufgenommen und weitergeführt auch von der Brasilianischen Bischofskonferenz. In ihrem Dokument Nr. 56 heisst es:

«Bei der Aufgabe, das Evangelium als Lebenserfahrung aufzunehmen und es im Alltag weiterzuverbreiten, liegt der Protagonismus bei den Laien [...]»[24]

Aber letztlich hat auch das ganze Projekt dieses Protagonismus seinen Ursprung wiederum in jener grossen Vision einer Kirche, die sich zur Welt hin öffnet, so wie sie vom Zweiten Vatikanischen Konzil formuliert wurde. Und es findet seinen Widerhall selbst noch, wenn auch zögerlich, in Formulierungen des Kirchenrechts von 1983:

Missionsdekret *Ad gentes*, Nr. 21: «Die Kirche ist nicht wirklich gegründet, [...] wenn nicht mit der Hierarchie auch ein wahrer Laienstand da ist und arbeitet [...] Denn die gläubigen Laien gehören gleichzeitig ganz zum Gottesvolk und ganz zur bürgerlichen Gesellschaft [...]

Auch sollen sie den Glauben an Christus unter denen verbreiten, mit denen sie durch Bande des täglichen Lebens und des Berufes verbunden sind. Diese Pflicht ist umso dringender, weil die meisten Menschen nur durch benachbarte Laien das Evangelium hören und Christus kennenlernen können. Ja, wo es möglich ist, sollen Laien bereit sein, in noch unmittelbarerer Zusammenarbeit mit der Hierarchie die besondere Sendung zu

---

24 A. a. O., 34.

erfüllen: das Evangelium zu verkünden und christlichen Unterricht zu erteilen [...]

Die Diener der Kirche sollen das Apostolat der Laien hoch bewerten.»

Kirchenkonstitution *Lumen Gentium*, Nr. 37: «Entsprechend dem Wissen, der Zuständigkeit und hervorragenden Stellung, die sie einnehmen, haben sie [die Laien] die Möglichkeit, bisweilen auch die Pflicht, ihre Meinung in dem, was das Wohl der Kirche angeht, zu erklären [...]

Die geweihten Hirten aber sollen die Würde und Verantwortung der Laien in der Kirche anerkennen und fördern. Sie sollen gern deren klugen Rat benutzen, ihnen vertrauensvoll Aufgaben im Dienst der Kirche übertragen und ihnen Freiheit und Raum im Handeln lassen, ihnen auch Mut machen, aus eigener Initiative Werke in Angriff zu nehmen. Mit väterlicher Liebe sollen sie Vorhaben, Eingaben und Wünsche, die die Laien vorlegen, aufmerksam in Christus in Erwägung ziehen.»

Can. 212, § 3 CIC/1983: «Entsprechend ihrem Wissen, ihrer Zuständigkeit und ihrer hervorragenden Stellung haben sie das Recht und bisweilen sogar die Pflicht, ihre Meinung in dem, was das Wohl der Kirche angeht, den geistlichen Hirten mitzuteilen und sie unter Wahrung der Unversehrtheit des Glaubens und der Sitten und der Ehrfurcht gegenüber den Hirten und unter Beachtung des allgemeinen Nutzens und der Würde der Personen den übrigen Gläubigen kundzutun.»

Auf theoretischer Ebene scheint das Projekt eines Protagonismus der Laien von dogmatischer und selbst von kirchenrechtlicher Seite her recht gut fundamentiert zu sein. Dennoch aber stellen sich seiner praktischen Verwirklichung enorme Schwierigkeiten entgegen. Neben einer zum Teil geradezu begeisterten Akzeptanz stösst es innerhalb der Kirche in gewissen Kreisen auf zum Teil ausgeprägte Ablehnung. Ebenso gibt es Tendenzen, die ganze Thematik bewusst in Vergessenheit geraten zu lassen oder zu trivialisieren. Die Beantwortung der Frage nach den Gründen solchen Verhaltens ist nicht leicht. Warum wird einer gut fundamentierten und klar formulierten Absicht derart viel Misstrauen entgegengebracht? Eine Untersuchung der dafür verantwortlichen Ursachen zeigt im Wesentlichen drei psychologisch-strukturelle Gründe auf, weshalb ein wirklicher *Protagonismus der Laien* in der Kirche auf Widerstände stösst. Auf sie soll im Folgenden näher eingegangen werden.

2. Teil
Drei Hindernisse, die sich dem Protagonismus der Laien entgegenstellen

14 Die Absicht der Texte über den Protagonismus der Laien muss in der Praxis konkretisiert werden

Die den Texten zum Protagonismus der Laien zugrunde liegende Absicht wird in den entsprechenden Dokumenten sehr klar und deutlich formuliert. Es zeigt sich aber in der Praxis, dass auch diese Dokumente Gefahr laufen, den gleichen Weg zu gehen wie so viele andere grossartige kirchliche Verlautbarungen: Sie bleiben interessante Schriften, werden in der Praxis aber nicht wahrgenommen und noch weniger umgesetzt. Ein noch so gut verfasster Text verändert eine jahrhundertealte Mentalität nicht; dies gilt ganz besonders für den Status der so genannten Laien in der Kirche.

Zu lange wurden die als Laien bezeichneten Frauen und Männer in der Kirche wirklich im ursprünglichen Sinn des Wortes als die Nicht-Wissenden betrachtet; als jene, die von der Sache des Glaubens nichts verstehen und die deshalb zu schweigen haben – und zu gehorchen. Es ist kein Zufall, dass heute der in der Kirche gebräuchliche Begriff Laie immer mehr genau von jenen «Laien» infrage gestellt und verworfen wird.

Medard Kehl nennt ihn im Gefolge vieler anderer «einen signifikativen Ausdruck ‹für das pastorale Grund-Schisma›, das in der Katholischen Kirche seit langem herrscht zwischen ‹Hierarchie›, ‹Klerus› und ‹Priestern› einerseits, und den einfachen Gläubigen, dem Volk [...] anderseits»[25]. Ein solches Schisma, sagt Kehl, wurde seit der Gregorianischen Reform des 11. Jahrhunderts immer mehr aufgebaut. In ihm etablierte sich in zunehmend juristischer Begrifflichkeit «ein Kontrast zwischen christlich-klerikaler und

---

25 Rückübersetzt aus: *Medard Kehl*, A Igreja, uma eclesiologia católica, São Paulo 1997, 109.

christlich-laienhafter Kultur»[26]. Um diese geschichtlichen Belastungen zu überwinden und einen wirklichen Protagonismus der Laien aufzubauen, braucht es in der Tat enorme Anstrengungen. Es müssen vielschichtige Hindernisse, Vorurteile und Interessensstrukturen auf allen Ebenen abgebaut werden, und dies trotz der neuen Ausrichtung, die die Laienfrage in der Kirche durch das Konzil erhielt. So bleibt es etwa bis heute schwierig, den Druck einer jahrhundertealten Tradition zu überwinden, derzufolge die Laien primär das «Recht» besassen zu gehorchen.

Die Schwierigkeiten sind in der Tat vielschichtig. Sie beginnen mit dem Zögern der Laien selbst, die oft aus einer Haltung der Frustration heraus immer weniger bereit sind, echte Verpflichtungen im kirchlichen Dienst zu übernehmen. Und sie setzen sich fort in der Angst mancher Ordinierter, durch den Aufstieg von Nicht-Ordinierten ihrerseits nun Macht, Einfluss oder Status zu verlieren. Dazu kommt in jüngerer Zeit die Tatsache, dass viele der bereits in kirchlichem Dienst stehenden Laien immer unter dem Druck stehen, ihre Anstellung und damit auch ihr finanzielles Auskommen zu verlieren, sobald sie sich etwa anmassen sollten, allzu kritisch zu kirchlichen Strukturen oder Verlautbarungen Stellung zu beziehen. Darüber hinaus gibt es praktische und organisatorische Schwierigkeiten.

Die Integration von Laien verzögert sich durch Strukturen, die ursprünglich kulturell bedingt waren, im Lauf der Zeit aber immer mehr verabsolutiert und dogmatisiert wurden. Und vielerorts ist bis heute noch nicht wirklich akzeptiert worden, dass eine als Volk Gottes konzipierte Kirche, die den Menschen dienen soll, einfach nicht nach dem hierarchischen Modell einer Monarchie strukturiert werden kann.

---

26 A.a.O., 313.

Die innerkirchlichen Reaktionen auf die offiziell formulierte Intention, den Protagonismus der Laien zu fördern, sind in der Tat äusserst komplex und vielschichtig. Das daraus resultierende Zögern in der Umsetzung ist in diesem Sinne keineswegs neu. Die geschichtlich-kulturelle Konstellation aber ist es. Sie fordert neue Antworten, und dies mit einer Dringlichkeit, die sie nicht einfach in die Kategorie der üblichen, durch temporäre Umwälzungen bedingten Schwierigkeiten einordnen lässt.

Im ersten Teil der vorliegenden Darlegungen wurde aufgezeigt, dass sich die Kirche heute einer geschichtlich nie dagewesenen Situation gegenübersieht: dem Entstehen eines neuen, postindustriellen und urbanen Menschentyps nämlich, dessen Verhaltensmuster sich nicht mehr mit dem Wahrnehmungsraster einer vergangenen ländlichen Gesellschaft verstehen lassen. Damit aber ist diese Kirche herausgefordert durch psycho-soziale Strukturen, die sich völlig von den bekannten Strukturen der letzten Jahrtausende unterscheiden. Die Antwort auf die damit verbundenen Umwälzungen kann sich nicht mehr an den in Jahrhunderten erprobten Modellen der Vergangenheit orientieren. Und falls sie dies tut, wird sie ignoriert. Dies bedeutet für die kirchliche Institution, dass sie heute nicht mehr nur mit der Gefahr konfrontiert ist, gewisse Schichten der Bevölkerung zu verlieren, so wie sie im 19. Jahrhundert grosse Teile der Arbeiterschaft verlor oder in gewissen Phasen des 20. Jahrhunderts viele Naturwissenschaftler.

Das Problem heute stellt sich global. Im 21. Jahrhundert erreicht die mehrheitlich urbane Bevölkerung in ihrem gesamten Denken und Handeln eine ganz neue Autonomie. Als Konsequenz solcher Grundhaltung aber beginnt sie in immer grösserem Ausmass, jede Art von Bevormundung zu verwerfen.

Als das typischste Beispiel solcher Verweigerungshaltung gegenüber einer als Bevormundung empfundenen Verordnung lässt sich heute vielleicht am besten auf die schweigende Ablehnung der kirchlichen Richtlinien zur Empfängnisverhütung verweisen.[27] Resultate wie zu dieser Frage sind nicht überraschend. Allgemein nämlich lässt sich sagen, dass in den heutigen urbanen Gesellschaften der christlichen Welt maximal 10–15 Prozent der Bevölkerung ohne Restriktionen den entsprechenden Orientierungen des kirchlichen Lehramtes folgen. Die anderen 85–90 Prozent wählen ihren eigenen Weg, ohne sich deshalb im Geringsten weniger katholisch zu fühlen. Sie sind katholisch und wollen katholisch sein, aber was die genannte Thematik betrifft, haben sie anders entschieden und betrachten die Perspektive der kirchlichen Autorität als falsch. In diesem Sinne repräsentieren sie das, was wir als die *neue Autonomie der Christinnen und Christen des 21. Jahrhunderts* bezeichnen können.

Die bekannteste Studie zur Haltung der Katholiken in der Schweiz zeigte schon 1993 auf, dass in diesem Land 59 Prozent der Katholiken mit starker Bindung an ihre Kirche, dennoch der Meinung sind, man könne «Mitglied der Kirche sein, ohne deshalb an ihren Aktivitäten teilnehmen zu müssen». Zu diesem Befund gesellt sich als weiteres Resultat die Tatsache, dass in der Schweiz

---

27 Laut Statistik verhüten in Deutschland 54 % der Paare mit der Pille, 13,5 % mit der Spirale, 19 % mit dem Kondom und knapp 7 % mit Sterilisation. Nur rund 6,5 % wählen andere Methoden. Laut eines repräsentativen Mikrozensus des Schweizer Bundesamts für Statistik verhüten Schweizer Frauen (20–49-jährig) zu 34,1 % mit der Pille, zu 14,2 % mit dem Kondom, zu 22 % durch Sterilisation (Mann oder Frau), zu 6 % mit der Spirale, zu 2,3 % mit natürlichen Methoden, zu 2,1 % durch Coitus interruptus, zu 0,3 % mit der Dreimonatsspritze, zu 0,9 % mit Diaphragma/Spermizid, und 6,1 % verzichteten auf Verhütung aufgrund von Schwangerschaft, Infertilität oder sexueller Inaktivität. Vgl. Schweizer Bundesamt für Statistik, Verhütungsmethoden); de.wikipedia.org/wiki/Empf%C3%A4ngnisverh%C3%BCtung. Bereits in Jahr 1991 zeigte eine Untersuchung in der mehrheitlich katholischen Millionenstadt São Paulo, dass 86 % der Ehepaare antikonzeptionelle Methoden benutzen, die nicht mit den von der Kirche akzeptierten übereinstimmen (vgl. Folha de São Paulo, Quarto Caderno, 17.2.1999, 1).

66 Prozent der Katholiken erklären, die Kirche habe keinen Einfluss auf die Wahl ihrer persönlichen Werteskala.[28]

Die Autoren der diesbezüglichen Untersuchung gelangen in ihrem Kommentar über die vorgestellten Resultate zu den gleichen Schlussfolgerungen, die sich auch von den hier vorgetragenen Gesichtspunkten her ergaben:

> «Je stärker die Beziehung zur Kirche als eine persönliche Angelegenheit empfunden wird, desto mehr müssen die Kirchen damit rechnen, dass sich ihre Mitglieder normativen Erwartungen entziehen, die über die reine Mitgliedschaft hinausgehen, ausser es gelingt ihnen, sie von deren Sinnhaftigkeit zu überzeugen.»[29]

Die hier zur Sprache gebrachte Problematik ergibt sich keineswegs nur in den nachindustriellen Gesellschaften der ersten Welt. Wir stellen weitgehend gleiche Tendenzen auch in anderen Kontinenten und ebenso in Ländern fest, die traditionsgemäss als signifikant religiös und katholisch gelten. Als Beispiel seien im Folgenden einige Daten für Brasilien angeführt. Dort ergab eine repräsentative Untersuchung zur Haltung der Katholiken bereits am Ende des 20. Jahrhunderts Resultate, die sich kaum von der entsprechenden europäischen Situation unterscheiden:

- 26 Prozent der befragten Katholiken glauben an die Unfehlbarkeit des Papstes;
- 36 Prozent denken, dass unverheiratete Paare nicht zusammenleben dürfen;

---

28 *Alfred Dubach/Roland J. Campiche*, Jeder ein Sonderfall. Religion in der Schweiz, Zürich/Basel 1993, 157; vgl. dazu auch die Ergebnisse der neueren Untersuchung in: *Alfred Dubach/Brigitte Fuchs*, Ein neues Modell von Religion. Zweite Schweizer Sonderfallstudie – Herausforderung für die Kirchen, Zürich 2005.

29 *Alfred Dubach/Roland J. Campiche*, Jeder ein Sonderfall. Religion in der Schweiz, Zürich/Basel 1993, 157.

- 10 Prozent akzeptieren das Verbot des Gebrauchs von Kondomen;
- 68 Prozent folgen eher ihrem eigenen Gewissen als den Regeln der Kirche;
- 45 Prozent denken, dass die Frau als Jungfrau heiraten müsse;
- 27 Prozent denken, dass der Mann jungfräulich heiraten müsse;
- 48 Prozent glauben an die reale Existenz der Hölle.[30]

Eine von der theologischen Fachzeitschrift *Theo-Comunicação* durchgeführte Untersuchung unter den Studenten der Päpstlichen Katholischen Universität von São Paulo erbrachte die folgenden Resultate:[31]

- 83,76 Prozent der befragten Studenten lehnen die von der Kirche vertretene Sexualmoral ab;
- 74,74 Prozent stimmen nicht mit der kirchlichen Haltung zur Scheidungsfrage überein.

Es scheint in der Tat so, dass sich nicht nur in Europa, sondern auch in traditionell katholischen Ländern eine zunehmend grössere Zahl der kirchlichen Gläubigen in grundlegenden Fragen immer weniger nach den kirchlichen Normen orientiert. Dessen ungeachtet aber betrachten sie sich weiterhin ganz klar als ihrer Kirche zugehörig. Und was für jene Länder der Südhalbkugel gilt, lässt sich in gleicher Weise auch für die kirchliche Situation der europäischen Länder aussagen. Dazu ist es erhellend, für sie zusätzlich noch einige weitere Daten anzufügen:

- Die Zahl der Diözesanpriester in der Schweiz ist von 1950–2009 bei erheblich zunehmender Bevölkerung um 47,8 Prozent zurückgegangen.[32]

---

30 Untersuchung anlässlich des dritten Besuches von Papst Johannes Paul II. in Brasilien; publiziert durch Folha de São Paulo, Caderno Especial, 25.9.1997.

31 Theo-Comunicação No. 127, März 2000, 118.

32 Schweizerische Kirchenzeitung 179 (2011) Nr. 41, 643.

- Eine 2011 unter 500 österreichischen Pfarrern durchgeführte Untersuchung ergab unter anderem die folgenden Resultate:[33]
  - 76 Prozent befürworten die Zulassung wiederverheirateter Geschiedener zu den Sakramenten.
  - 71 Prozent würden die Zulassung verheirateter Priesterkollegen als Bereicherung empfinden.
  - 60 Prozent können sich den Einsatz ausgebildeter Laien in der Messe vorstellen.
  - 72 Prozent sind der Meinung, entsprechend ausgebildete Frauen und Männer sollten auch in der Eucharistiefeier predigen können.

Eine im Oktober 2011 mit 1003 Personen durchgeführte Untersuchung in der Schweiz lieferte unter anderem folgende Resultate:
- 77,8 Prozent glauben daran, dass Jesus existiert hat.
- 52,4 Prozent nehmen an, dass nach dem Weltuntergang alles ins Nichts übergehen werde.[34]
  - Im Kanton Aargau glauben noch 47 Prozent an ein Leben nach dem Tod;
  - bei den Männern sind es nur 38 Prozent;
  - bei den Frauen 57 Prozent.[35]
- In Deutschland glauben noch 33 Prozent der Bevölkerung an die Auferstehung.[36]
- Ebenfalls in Deutschland sind 87 Prozent der Meinung, die Kirche sollte nicht mehr am Gebot der Ehelosigkeit für Priester festhalten.

33 www.krone.at/Oesterreich/Pfarrer_wollen_Frauen-Priester_und_andere_ Reformen.

34 Daten aus Glaubens-Umfrage zum 1. Advent, publiziert in: Der Sonntag, Nr. 47, 27.11.2011, 3.

35 www.aargauerzeitung.ch/aargau/frauen-glauben-eher-an-ein-leben-nach-dem-tod-110713000 (8.4.2013).

36 www.bertelsmann-stiftung.de/cps/rde/xchg/bst/hs.xsl/nachrichten_94744. htm (8.4.2013).

- 88 Prozent denken, die Kirche sollte Frauen nicht mehr vom Priesteramt ausschliessen.
- 87 Prozent teilen die Meinung der katholischen Kirche nicht, derzufolge praktizierende Homosexuelle als Sünder bezeichnet werden.[37]

Die angeführten Daten weisen tendenziell auf, dass sich nicht mehr nur einzelne Minderheiten einer bestimmten religiösen Bevormundung entziehen. Stattdessen sind es zunehmend mehr ganze Bevölkerungsschichten, die sich entfernen. Eine Antwort auf diese Situation ist nicht leicht. Nach dem Vorbild der traditionellen Methoden der Vergangenheit vorzugehen, ist nicht mehr möglich. Die über Jahrhunderte benutzten Drohungen gegen Ungehorsame und das Aktivieren von Bestrafungsängsten bewirken heute nur noch das Gegenteil dessen, was sie intendieren: Die Menschen wenden sich ab. Und die noch kirchlichen Gläubigen erheben ihre Stimme und erklären mit überzeugenden Argumenten, dass bestimmte Positionen nicht mehr haltbar sind. Sie verlangen mit Verweis auf ihre Autonomie als emanzipierte Persönlichkeiten, dass ihre Argumente aufgenommen, ernsthaft diskutiert und in den Entscheidungen mit berücksichtigt werden. Und sie beginnen auch in der Kirche in zunehmendem Mass ihre Rechte als mündige Christinnen und Christen einzufordern.

In den Jahren 1995–1996 unterschrieben in Österreich und Deutschland Millionen von Menschen im Rahmen der bis heute aktiven KirchenVolksBewegung ein Plebiszit, in dem sie explizit fünf grundlegende Veränderungen der Kirche forderten:[38]

1. Aufbau einer geschwisterlichen Kirche.
2. Völlige Gleichstellung zwischen Frauen und Männern.
3. Freie Wahl zwischen zölibatären und nicht-zölibatären Formen des Priester-Seins.

---

37 Der Spiegel, Nr. 38, 19.9.2011, 66.
38 www.wir-sind-kirche.de.

4. Positive Bewertung der Sexualität als wichtiges Element des geschaffenen und von Gott akzeptierten Menschen.
5. Verkündigung einer Frohen Botschaft statt der Bedrohung durch einen strafenden Gott.

Im Jahr 2011 nimmt die so genannte Pfarrer-Initiative in Österreich manche dieser Themen in veränderter Form wieder auf.[39] Ihr «Aufruf zum Ungehorsam» richtet sich als «Protest für eine glaubwürdige Kirche» gegen die «römische Verweigerung einer längst notwendigen Kirchenreform und die Untätigkeit der Bischöfe».

Die angeführten Beispiele liessen sich beliebig erweitern. Hinter ihnen allen steht letztlich ein neues Bewusstsein von Menschen, die sich nicht mehr einfach als Schafe verstehen, sondern die aktiv und verantwortlich nach einer längst notwendigen Erneuerung kirchlicher Strukturen verlangen. Sie tun dies vor der Tatsache eines Wertewandels, der alle Bereiche des Lebens betrifft und dem von kirchlicher Seite nicht mehr mit den traditionellen Antworten der Vergangenheit begegnet werden kann. Diese Tatsache kommt in extremer Deutlichkeit in einem von der Römisch-Katholischen Zentralkonferenz der Schweiz veröffentlichten Referat zum Thema «Kirchenmanagement im Spannungsfeld von Leitbild und gesellschaftlicher Dynamik» zum Ausdruck. Es wurde am 24. November 2010 am Verbandsmanagement-Institut der Universität Freiburg i. Ue. gehalten. Der folgende daraus zitierte Ausschnitt liest sich wie eine Synthese der gesamten hier behandelten Problematik.

«So kann die Kirche zum Beispiel den Wertewandel in der Gesamtgesellschaft nicht aufhalten. Dass nicht nur Ehe und Familie (oder Zölibat), sondern auch gleichgeschlechtliche Beziehungen, Konkubinat, Patchworkfamilien aufgrund von

---

39 www.pfarrer-initiative.at/; kath-zdw.ch/forum/index.php?topic=629.0.

Scheidungen als selbstverständliche Realitäten akzeptieren sind, dass auch Nichtverheiratete sexuell aktiv sind und dass Schwangerschaftsverhütung sowohl innerhalb als auch ausserhalb der Ehe nicht nur erlaubt, sondern in vielen Situationen geradezu eine Pflicht ist, sind gesellschaftlich akzeptierte Realitäten. Die Kirche kann das nicht beeinflussen, und wenn sie es aus religiösen Gründen verbietet, bleibt das nicht nur gesamtgesellschaftlich wirkungslos, sondern beeinflusst auch das moralische Urteil und das Verhalten ihrer Mitglieder nur in sehr beschränktem Mass.»[40]

Auf diese neue Wirklichkeit unter Verweis auf Autorität und Tradition zu antworten, löst das Problem nicht. Wie aber liesse es sich lösen? Verbote sind nicht möglich. Niemand verbietet per Dekret die Meinung von zwei oder drei Millionen Menschen. Was man noch könnte, wäre jammern über den Verlust von Tradition und Respekt. Aber das Jammern löst die Probleme genauso wenig.

Es bietet sich eine andere Möglichkeit an. Sie heisst Protagonismus der Laien. Dieser Ansatzpunkt ist nicht auf die Vergangenheit gerichtet. Vielmehr eröffnet er eine neue und originelle Sichtweise einer möglichen Zukunft. Diese Zukunft jedoch entsteht nicht von selbst. Sie muss aufgebaut werden. Und sie darf nicht erstickt werden durch ängstliches Zögern und den Hinweis auf strukturelle Hindernisse. Damit solches nicht geschieht, ist es als erstes notwendig, sich bewusst zu machen, dass überhaupt strukturelle Hindernisse bestehen. Und dann sind Antworten zu suchen und konkrete Lösungen zu erproben. Für all dies existieren bereits konkrete Ansätze. Aber es braucht den Mut, diese Ansätze aufzunehmen und weiterzuentwickeln. Innerhalb der Kirche nämlich wurde eine überzeugende Antwort auf die Forderung nach mehr Autonomie der Laienschaft wenigstens in Ansät-

---

40 Kirchenmanagement im Spannungsfeld von Leitbild und gesellschaftlicher Dynamik, 8. zit. nach www.vmi.ch.

zen bereits formuliert. Diese Antwort aber muss bekannt gemacht und konkretisiert werden.

Bei der obigen Forderung darf nicht übersehen werden, dass auch innerhalb der angesprochenen Laienschaft selbst sehr unterschiedliche Verhältnisse und Verhaltensweisen vorherrschen. Viele jener Laien, die es mit vollem Recht ablehnen, als Schafe behandelt zu werden, sind ihrerseits durch eine jahrhundertelange Tradition der Unterordnung unter kirchliche Gebote geprägt. Auf sozialer, politischer und beruflicher Ebene haben sie seit Langem eine neue Autonomie erreicht. Gleichzeitig haben sie sich losgekoppelt von ihrer Abhängigkeit von kirchlichen Verordnungen. Dieses Abkoppeln aber hat zur Folge, dass die neue Autonomie nicht verbunden wird mit dem Bewusstsein der Notwendigkeit, auch auf religiöser Ebene zum aktiven Element von Veränderung zu werden. Das erste Hindernis für die Verwirklichung eines wahrhaften Protagonismus der Laien findet sich somit im Bewusstsein vieler dieser Laien selbst. Über dieses spezifische Problem soll im Folgenden weiter nachgedacht werden.

15 Hindernisse, die sich der Verwirklichung eines Protagonismus der Laien entgegenstellen

15.1 Das erste Hindernis: Ein unterschwellig immer noch vorhandenes Bewusstsein, im kirchlichen Bereich ein «Schaf» zu sein oder sein zu müssen

Unabhängig von der sattsam belegten Tatsache, dass sich in der urbanen Bevölkerung ein neues Bewusstsein der eigenen Autonomie gebildet hat, werden wir innerhalb der Kirche zusätzlich noch mit einer spezifischen und oft gegensätzlichen Wirklichkeit konfrontiert. Diese kann gelegentlich geradezu schizophrene Züge annehmen:

Auf der einen Seite nämlich wird von den Menschen der nach-industriellen Epoche eine immer weitergehende Fähigkeit zu autonomem Denken und Handeln verlangt. Auf der anderen Seite aber bleibt nach wie vor die Tatsache bestehen, dass das Schlüs-selwort, unter dem der gute Katholik innerhalb der Kirche über Jahrhunderte charakterisiert wurde, jenes des «gehorsamen Lam-mes» oder «Schafes» war. Daran erinnert bis heute der immer noch gebräuchliche Begriff «kirchliche Pastoral». Er basiert letzt-lich ganz konsequent auf der ungemein vielschichtigen biblischen Vorstellung einer Herde, die, ohne zu fragen, ihrem Hirten folgt. – Jesus selbst hat sich dieses Bildes bedient. Die Absicht aber, mit der in der geschichtlichen Vergangenheit auf das Modell zurück-gegriffen wurde, war in vielen Fällen weit entfernt von der eigent-lichen Intention seines Urhebers.

Walbert Bühlmann, Kapuziner und langjähriger Professor für Missionarische Pastoral, weist zu recht darauf hin, dass sich seit der Zeit der Konstantinischen Wende ein eigentlicher Klassenge-gensatz innerhalb der Kirche entwickelte.[41] Der Aufbau solcher Dichotomie aber folgte oft weit mehr bestimmten Machtinteres-sen als theologischen Notwendigkeiten. Gleichzeitig lassen sich auch immer wieder jene Mechanismen feststellen, die Bernhard Häring mit der ganzen Behutsamkeit des erfahrenen Theologen durch folgende Beschreibung charakterisiert:

«Die Geschichte der Religion und im Speziellen die Geschichte der Kirche [...] zeigt extrem kritische Formen [...] extremer Überbewertung von Autorität. Sie nähern sich stark jenen Macht- und Beherrschungshaltungen an, die wir in weltlichen Machtsystemen feststellen.»[42]

---

41 Vgl. *Walbert* Bühlmann, A Igreja no limiar do terceiro milênio, São Paulo 1994, 64.

42 Rückübersetzung aus der portugiesischen Ausgabe von *Bernhard Häring*, É possível mudar. Em defesa de uma nova forma de relacionamento na Igreja, Aparecida 1994, 47–48.

Als Ergebnis dieser Situation ergab sich für die so genannten Laien, was Walbert Bühlmann ziemlich drastisch so beschreibt: Dem Laien in der Kirche

«verblieb eigentlich nur noch das, was in den Vereinigten Staaten plakativ auf die folgende Weise ausgedrückt wird: Er [oder sie] darf beten, gehorchen und bezahlen».[43]

Selbst wenn wir eine derart frustrierende Perspektive nicht übernehmen wollen, bleibt doch die Tatsache bestehen, dass ein grosser Teil der so genannten Laien im Verlauf einer jahrhundertelangen Geschichte eine primär passive Haltung gegenüber der Kirche entwickelt hat. Kirche wird von vielen immer mehr nur noch als Dienstleistungsorganisation gesehen. Im Gegenzug entsteht dann zunehmend auch die Gefahr, dass sich bei den ursprünglich zum Dienst an den Menschen ordinierten Vertreter dieser Organisation immer mehr eine Art Beamtenmentalität entwickelt. Damit aber geht in der Kirche innerhalb kürzester Zeit jene grundlegend verändernde Dynamik verloren, die Paulus immer wieder in seinen Briefen beschwört (vgl. 1 Kor 12,4–11). Viele Laien entwickeln zudem eine Haltung passiver Resignation. Sie sehen Kirche primär als hierarchische Institution von Papst, Bischöfen und Priestern. Sie sind es, die in dieser Institution die Entscheidungen fällen, und die so genannten Laien wurden immer weiter in die Rolle von Untergebenen, Schafen und passiven Befehlsempfängern abgedrängt. Auf diesem Weg entstand Schritt für Schritt eine Pastoral der Unterordnung, die ihrerseits wiederum dazu beitrug, im Bewusstsein der nicht-ordinierten Gläubigen jene begeisternde Überzeugung auszulöschen, die noch in den Worten des Ersten Petrusbriefes aufleuchtet:

---

43 Rückübersetzt aus *Walbert* Bühlmann, A Igreja no limiar do terceiro milênio, São Paulo 1994, 65.

«Ihr aber seid ein auserwähltes Geschlecht, eine königliche Priesterschaft, ein heiliger Stamm, ein Volk, das sein besonderes Eigentum wurde, damit ihr die grossen Taten dessen verkündet, der euch aus der Finsternis in sein wunderbares Licht gerufen hat.» (1 Petr 2,9–10)

Statt auf der Basis der obigen Worte seine «Freiheit und Herrlichkeit der Kinder Gottes» (Röm 8,21)[44] zu leben und auch zu praktizieren, verloren die so genannten Laien im Verlauf einer beinahe tausendjährigen Geschichte der Unterordnung das Bewusstsein ihrer Würde, ein «von Gott auserwähltes Volk» zu sein. Dies, obwohl sich nach den Worten von Medard Kehl in den Schriften des Neuen Testamentes nicht die geringste Stütze findet für eine «Unterscheidung zwischen Klerikern und Laien im Sinne von klar bezeichneten Gruppen oder Positionen innerhalb der Kirche»[45]. In der geschichtlichen Wirklichkeit aber haben sich genau solche Unterscheidungen etabliert. Die Konsequenz davon ist die progressive Passivität des «Kirchen-Volkes». Passivität aber ist der erste Schritt hin zu Indifferenz; und diese führt unweigerlich zur Distanzierung.

Die gläubigen Laien verloren Schritt für Schritt das Bewusstsein davon, dass sie innerhalb und ausserhalb der Kirche die treibenden Kräfte der Veränderung sind und sein müssen. Trotz allen kirchlichen Dokumenten, die dies im Anschluss an das Zweite Vatikanische Konzil[46] von Neuem betonen, hat sich an dieser Situation bis heute wenigstens in Europa nicht viel geändert.

---

44 Vgl. auch Röm 8,15: «Ihr habt nicht einen Geist der Knechtschaft erhalten, sodass ihr euch immer noch fürchten müsstet, sondern ihr habt den Geist empfangen, der euch zu Söhnen macht, den Geist, in dem wir rufen: Abba, Vater!

45 Rückübersetzung aus der portugiesischen Ausgabe von *Medard Kehl*, A Igreja, uma eclesiologia católica, São Paulo 1997, 110.

46 Vgl. dazu etwa: Dogmatische Konstitution über die Kirche *Lumen Gentium*; Dekret über das Apostolat der Laien *Apostolicam actuositatem*; Päpstliches Rundschreiben *Christifideles laici* von Johannes Paul II.

Angesichts dieser Problematik ist es notwendig, mit aller Entschiedenheit eine erste, fundamentale Forderung aufzustellen. Ihre Verwirklichung ist eine der Grundvoraussetzungen dafür, dass das Projekt eines wirklichen Protagonismus der Laien mehr wird als nur ein weiteres beschriebenes Papier.

Erste Forderung: Laien müssen sich wieder bewusstwerden, dass sie verantwortliche Kräfte sind für die Veränderungen nicht nur in der Gesellschaft, sondern auch in der Kirche.

15.2 Das zweite Hindernis: Eine streng hierarchische Struktur innerhalb der Kirche erschwert eine wirkliche Teilnahme der männlichen und weiblichen Laien

In den Briefen des Apostels Paulus erscheint immer wieder das Bild einer Kirche als der Gemeinschaft aller Glaubenden. Das Leben dieser Gemeinschaft wird nicht organisiert nach dem Modell eines pyramidalen Systems von Hierarchie und Machtkompetenzen, sondern auf der Basis der Gleichheit aller als Diener und Dienerinnen am Aufbau des Reiches Gottes. Der darauf aufbauende Schlüsselbegriff ist die Verschiedenheit der Charismen der einzelnen Glieder dieser Gemeinschaft. Deren Charismen sind verschieden; aber alle diese unterschiedlichen Charismen werden verstanden als Dienst an der Gemeinschaft und damit auch Dienst an der Welt, so wie es Paulus sehr deutlich in 1 Kor 12,4–13 formuliert:

«Es gibt verschiedene Gnadengaben, aber nur den einen Geist. Es gibt verschiedene Dienste, aber nur den einen Herrn. Es gibt verschiedene Kräfte, die wirken, aber nur den einen Gott: Er bewirkt alles in allen. Jedem aber wird die Offenbarung des Geistes geschenkt, damit sie anderen nützt. Dem einen wird vom Geist die Gabe geschenkt, Weisheit mitzuteilen, dem andern durch den gleichen Geist die Gabe, Erkenntnis zu vermitteln, dem Dritten im gleichen Geist Glaubenskraft, einem andern – immer in dem einen Geist – die Gabe, Krankheiten zu heilen, einem andern Wunderkräfte, einem andern prophetisches Reden, einem andern die Fähigkeit, die Geister zu unterscheiden, wieder einem andern verschiedene Arten von Zungenrede, einem andern schliesslich die Gabe, sie zu deuten. Das alles bewirkt ein und derselbe Geist; einem jeden teilt er seine besondere Gabe zu, wie er will. Denn wie der Leib eine Einheit ist, doch viele Glieder hat, alle Glieder des Leibes aber, obgleich es viele sind, einen einzigen Leib bilden: So ist es auch mit Christus. Durch den einen Geist wurden wir in der Taufe alle in einen einzigen Leib aufgenommen [...]»

Wesentlich an der paulinischen Sichtweise ist die Tatsache, dass die Charismen in nichts als Wertung oder als Einstufungskriterium in eine Hierarchie verstanden werden. Sie bilden im Gegenteil die Basis für die Legitimation der Gleichheit aller innerhalb der Gemeinschaft, aber auch für die Begründung der für alle geltenden Verpflichtung, innerhalb dieser Gemeinschaft gemäss der je persönlichen Charismen Verantwortung zu übernehmen.

Um diese Tatsache noch deutlicher bewusst zu machen, greift Paulus auf das ausdrucksstarke Bild des menschlichen Körpers zurück:

«Das Auge kann nicht zur Hand sagen: Ich bin nicht auf dich angewiesen. Der Kopf kann nicht zu den Füssen sagen: Ich brauche euch nicht. Im Gegenteil, gerade die schwächer scheinenden Glieder des Leibes sind unentbehrlich. Denen, die wir für weniger edel ansehen, erweisen wir umso mehr Ehre, und unseren weniger anständigen Gliedern begegnen wir mit mehr Anstand, während die anständigen das nicht nötig haben. Gott aber hat den Leib so zusammengefügt, dass er dem geringsten Glied mehr Ehre zukommen lies, damit im Leib kein Zwiespalt entstehe, sondern alle Glieder einträchtig füreinander sorgen.

Wenn darum ein Glied leidet, leiden alle Glieder mit; wenn ein Glied geehrt wird, freuen sich alle anderen mit ihm. Ihr aber seid der Leib Christi, und jeder Einzelne ist ein Glied an ihm. So hat Gott in der Kirche die einen als Apostel eingesetzt, die andern als Propheten, die dritten als Lehrer; ferner verlieh er die Kraft, Wunder zu tun, sodann die Gaben, Krankheiten zu heilen, zu helfen, zu leiten, endlich die verschiedenen Arten von Zungenrede.» (1 Kor 12,21–28)

Die Konsequenz dieser ganzen Argumentation kann nur die Zurückweisung jedwelcher Klassenstrukturen sein und ebenso das Verwerfen aller Überordnung der einen über die andern. Falls solche Zurückweisung bei den christlichen Gemeinschaften und Kirchen nicht mehr geschieht, dann haben sie gründlich die eindringliche Mahnung dessen vergessen, auf den sie sich letztlich berufen.

«Da rief Jesus sie zu sich und sagte: Ihr wisst, dass die, die als Herrscher gelten, ihre Völker unterdrücken und die Mächtigen ihre Macht über die Menschen missbrauchen. Bei euch aber soll es nicht so sein, sondern wer bei euch gross sein will, der soll euer Diener sein, und wer bei euch der Erste sein will, soll der Sklave aller sein.» (Mk 10, 42–44; vgl. auch: Mt 23,11)

Der grosse Theologe Edward Schillebeeckx unterstreicht eindringlich die Tatsache, dass vor allem auch in Joh 21,15–19 in extremer Deutlichkeit sichtbar wird, wie das Vorhandensein einer auf Macht basierenden Über- und Unterordnungsstruktur sich nicht vereinbaren lässt mit der Forderung nach dienender Liebe.[47] In der Geschichte der christlichen Kirche wird diese Problematik seit dem 4. Jahrhundert immer deutlicher sichtbar. Ihre Strukturen werden immer mehr geprägt von Institutionalisierung und zuneh-

---

47 Vgl. *Edward Schillebeeckx*, Christliche Identität und kirchliches Amt, Düsseldorf 1985, 117.

mender Hierarchisierung. Es ist nicht die Absicht dieses Buches, auf die politisch-sozialen Ursachen und Gründe dieses historischen Prozesses einzugehen. Für das hier abgehandelte Thema ist einfach die Tatsache massgebend, dass sich solche Institutionalisierung und Hierarchisierung vollzog.

Der bereits zitierte Edward Schillebeeckx zeigte einst auf, wie die Hierarchisierung der Dienste innerhalb einer zunehmend institutionalisierten Kirche ihren Anfang nahm, als diese Kirche zur offiziellen Staatskirche des Römisch-Byzantinischen Reiches erhoben wurde.[48] Sie setzte sich in den folgenden Jahrhunderten fort, inspiriert durch die Machtmechanismen des Römischen Reiches und gestützt durch das neuplatonisch geprägte Werk des Pseudo-Dionysius.[49] In Bezug auf die Frage der Laien in der Kirche fasst Schillebeeckx den diesbezüglichen historischen Prozess wie folgt zusammen:

«Diese Hierarchisierung an der Spitze der Kirche entwertete den Laien, der sich an der Basis befand. Sie machte aus ihm ein einfaches Objekt priesterlicher Pastoral.»[50]

Auf gewissen Ebenen des kirchlichen Lebens lässt sich die geschichtliche Konsequenz dieses Prozesses bis heute beobachten:
• Wer in der Kirche über kirchliche und dogmatische Fragen entscheidet, sind die «Ordinierten», das sind der Papst, die Bischöfe und die Priester.
• Die so genannten Laien können zwar angehört werden, sie haben aber absolut kein Entscheidungsrecht.
• Laien tragen, auch wenn sie voll ausgebildete Theologen und Theologinnen sind, im kirchlichen Dienst immer noch die Bezeichnung Pastoral-«Assistenten».

---

48 Vgl. a. a. O., 174 ff.
49 Vgl. a. a. O., 193.
50 Ebd.

Obwohl sie auf theoretisch-theologischer Ebene längst überwunden wurde, begegnen wir in gewissen Situationen noch heute jener Mentalität, die sich in der am 11. Februar 1906 von Papst Pius X. veröffentlichten Enzyklika *Vehementer nos* wie folgt niederschlug:

«Daraus ergibt sich, dass die Kirche ihrem eigentlichen Wesen nach eine Gesellschaft Ungleicher ist. Sie umfasst zwei Kategorien von Personen, die Hirten und die Herde; jene, die auf den verschiedenen Ebenen der Hierarchie einen Rang innehaben, und die Menge der einfachen Gläubigen. Diese Kategorien sind in sich derart verschieden, dass allein die pastorale Hierarchie das Recht und die notwendige Autorität besitzt, um alle Mitglieder gemäss den Zielen dieser Gesellschaft zu fördern und zu leiten. Was die Masse des Volkes betrifft, so hat diese keine andere Aufgabe, als sich führen zu lassen und fügsam ihren Hirten zu folgen.»[51]

Im Kontext des zurzeit vorherrschenden neokonservativen Trends in der Kirche lassen sich nicht wenige Stimmen vernehmen, die Indizien der obigen Denkweise auch heute wieder festzustellen glauben. Als Beispiel dafür wird oft auf die 1987 stattgefundene Synode über die Laien in der Kirche verwiesen. Walbert Bühlmann kommentiert sie sehr prägnant mit den Worten: «Man lässt die Leute reden, verändert aber nichts.»[52]

---

51 Die Enzyklika geht zurück auf die Aufkündigung des Konkordates mit dem Vatikan durch Frankreich. Der deutsche Text ist eine Übersetzung aus der französischen Fassung (www.vatican.va/holy_father/pius_x/encyclicals/documents/hf_p-x_enc_11021906_vehementer-nos_fr.html (Der Gedankengang der Enzyklika findet sich bereits schon bei Papst Gregor XVI. [1831–1846]).
52 Rückübersetzung aus der portugiesischen Fassung von *Walbert Bühlmann*, A Igreja no limiar do terceiro milênio, São Paulo 1994, 69.

In den vergangenen Jahrhunderten haben die so genannten Laien eine solche Verhaltensweise in der Kirche normalerweise passiv akzeptiert. Heute aber hat sich dies radikal geändert. Im Kreis der Laien wächst das Bewusstsein, dass eine Gemeinschaft, die nicht auf der gleichberechtigten Teilnahme und Mitverantwortung aller basiert, im Grunde keine Gemeinschaft ist, auch wenn sie in ihren öffentlichen Manifestationen noch so sehr von Gemeinschaft spricht.

Diese grundlegende soziologische Wahrheit wird heute auf allen Ebenen der Zivilgesellschaft wieder neu entdeckt. Sie gilt aber genauso auch für die Kirche, und dies sowohl im Rahmen der Gesamtkirche als auch auf den Entscheidungsebenen in Pfarreien oder kirchlichen Gemeinschaften. «Wahre Gemeinschaft» schliesst notwendig auch die volle und gleichberechtigte Teilnahme aller Glieder dieser Gemeinschaft mit ein.

Wo einer bestimmten Gruppe, sei es zum Beispiel den Laien oder den Frauen, solche volle Teilnahme und Mitsprache verweigert wird, werden systemimmanente Mechanismen aktiviert, die letztlich die Gemeinschaft zerstören. Diese Dynamik und der damit verbundene Widerspruch zwischen der Rede von «kirchlicher Gemeinschaft» und der Tatsache eines beinahe völligen Ausschlusses der Laien aus den Entscheidungsstrukturen dieser «Gemeinschaft» werden heute immer mehr Christinnen und Christen bewusst.

Zu der beschriebenen neuen Welle der Bewusstseinsbildung gesellt sich heute und in Zukunft noch eine weitere Erfahrung, durch die immer mehr Menschen der nachindustriellen Gesellschaften geprägt werden. In den Hunderten von Weiterbildungskursen der Industriebetriebe lernen und verinnerlichen zunehmend weitere Kreise der Arbeitnehmer und Arbeitnehmerinnen aller Stufen eine der grundlegenden Wahrheiten des modernen Managements: Nicht-partizipative Strukturen sind weniger effizient als partizipative! Im Weiteren widersprechen sie auch weitgehend allen organisatorischen Prinzipien moderner und zeitgemässer Administration.

Auf der Basis dieser einfachen Wahrheit sucht das «Neue Management» auf allen Ebenen partizipative Strukturen zu schaffen und einzuführen. Die Arbeitnehmer und Arbeitnehmerinnen trainieren, solche Strukturen zu verinnerlichen, in ihnen zu leben und sich zu bewegen. Sie lernen, sich Gehör zu verschaffen. Sie werden daraufhin gedrillt, auch kritisch zu sein und bestehende Arbeitsabläufe und Produktionsmechanismen zu hinterfragen. Natürlich steht hinter all diesen Schulungsprozessen der Industrie die letztlich sehr klare Absicht einer Effizienz- und Gewinnmaximierung. Die Menschen aber, die nach solch neuen Kriterien ausgebildet werden, entdecken damit den Wert partizipativer Strukturen auch auf anderen Ebenen. In der Folge wenden sie die neuen Erfahrungen und Perspektiven zunehmend auch ausserhalb ihrer begrenzten Arbeitswelt an. Und so entdecken sie ebenfalls in ihrer Kirche Mechanismen, Strukturen und Verhaltensweisen, die verändert werden müssen. Statt in ihrer Kritik und ihren Änderungsanträgen aber ernstgenommen zu werden, stossen sie dort weitgehend auf Ablehnung. Angesichts dieser Erfahrung reagieren immer mehr Menschen so, wie sie typisch ist für die neue Mentalität: Sie kritisieren und verlangen Veränderung, und wenn sie zur Überzeugung kommen, ihre Stimme werde nicht gehört, dann emigrieren sie. Solche Emigration hinaus aus der kirchlichen Gemeinschaft aber vollzieht sich nicht mit Getöse und unter lautem Protest. Nein, die Betroffenen zucken mit den Schultern und ziehen sich einfach zurück. Ihre Emigration geschieht schweigend, und dieses in der Psychologie wohlbekannte Phänomen der *schweigenden Emigration* erweist sich zunehmend als die grosse Gefahr für die christlichen Kirchen des 21. Jahrhunderts.

Immer mehr Menschen distanzieren sich von ihnen, ohne viel zu sagen: Enttäuscht, desillusioniert, ohne die Hoffnung, noch irgendetwas an jenen kirchlichen Strukturen, Verlautbarungen oder Verhaltensweisen ändern zu können, die sie als längst überholt und nicht mehr zeitgemäss erfahren. Statt einen wachsenden

Protagonismus der Laien zu erleben, sind wir so mit einer um sich greifenden schweigenden Emigration immer grösserer Kontingente von Laien konfrontiert.

Angesichts dieser Tatsache und angesichts des Problems, dass die Gefährlichkeit jener schweigenden Emigration weitgehend zu wenig wahrgenommen wird, ist dringend eine zweite Forderung zu formulieren. Sie erweist sich als Grundvoraussetzung für die Umkehr des Emigrations-Trends und damit als Basis für einen zukünftigen *Protagonismus der Laien:*

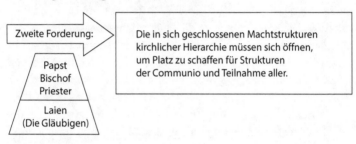

Zweite Forderung:

Papst
Bischof
Priester

Laien
(Die Gläubigen)

Die in sich geschlossenen Machtstrukturen kirchlicher Hierarchie müssen sich öffnen, um Platz zu schaffen für Strukturen der Communio und Teilnahme aller.

Solche Forderung heute zu formulieren, erscheint vielen utopisch oder sogar gefährlich; sicher aber jenseits jeder realen Möglichkeit. In Wirklichkeit jedoch handelt es sich keineswegs um etwas Neues. Ihre Grundlage findet sich bereits in den Texten des Zweiten Vatikanischen Konzils. Es ist immer von Neuem faszinierend festzustellen, mit welcher Dynamik, auch mit welch tiefer Inspiration durch Gottes Geist die im Konzil versammelten Bischöfe trotz manchem Zögern das neue Modell einer Kirche für die Zukunft entwarfen. Ein Modell übrigens, von dessen voller Verwirklichung wir auch heute noch weit entfernt sind. Diese Tatsache immer wieder in Erinnerung zu rufen ist wichtiger denn je angesichts der ständig gegenwärtigen Versuchung, die Lösung der gegenwärtigen Kirchenkrise in der Rückkehr zu Neokonservativismus und Neoklerikalismus zu sehen.

Anderseits aber darf auch nicht vergessen werden, dass sich auf der Ebene der praktischen Verwirklichung von «Kirche» doch unglaublich viel verändert hat.[53] Es finden sich unzählige kirchliche Gemeinden und Gemeinschaften, in denen die Zusammenarbeit zwischen ordinierten und nicht-ordinierten Frauen und Männern im Sinn einer geschwisterlichen Kirche bereits auf beglückende Weise verwirklicht wurde. Es gibt unzählige Vertreter der so genannten kirchlichen Hierarchie, deren Leben geprägt ist von beispielhafter Hingabe und voller Akzeptanz gleichberechtigter Zusammenarbeit mit ihren nicht-ordinierten Brüdern und Schwestern.

Aber wir kennen auch gegenteilige Beispiele. Um sie zu überwinden, ist immer daran zu erinnern, dass die dogmatischen Grundlagen für die Verwirklichung einer geschwisterlichen Kirche bereits seit dem Zweiten Vatikanischen Konzil existieren. Sie existieren und bleiben bis heute und in alle Zukunft Zeugen einer vom Geist Gottes geführten Kirche. Jener Geist aber weht, wo er will; und er wird, allen Widerständen zum Trotz, auch die Kirche hineinführen in eine neue Zukunft. Dieser Prozess aber vollzieht sich nicht automatisch, sondern unter Mitarbeit der Menschen. Er wird sich dialektisch entwickeln und geprägt sein von Spannungen, Fortschritten und Rückschritten, in denen sich das dynamische Geschehen des Wirkens Gottes unter den Menschen und durch die Menschen realisiert. Im Bewusstsein dieser Tatsache wird es umso wesentlicher, auch für die hier behandelte Problematik die entsprechenden Dokumente des Konzils immer neu fruchtbar zu machen.

---

53 Zu Bedeutung und biblischem Verständnis von Amt und Hierarchie im Kirchenbild des Konzils vgl. die lesenswerten Kapitel aus *Medard Kehl*, Die Kirche, Würzburg 1992, 106–117.

15.3 Das dritte Hindernis: Die dogmatische Zementierung eines Zweiklassensystems

> Die geschichtlich legitimierte Zementierung einer hierarchischen Machtpyramide innerhalb der Kirche begünstigt die Ausformung eines Zwei-Klassen-Systems.

Die oben angesprochene Gefahr, dass die im Konzil aufgebrochene neue Vision einer anderen Art des Kirche-Seins möglichst schnell wieder vergessen wird, erhält eine besondere Dringlichkeit, wenn sie vor dem Hintergrund der kirchlichen Unterscheidung zwischen ordinierten und nicht-ordinierten Personen gesehen wird. Diese Unterscheidung entstand aus historischen und pastoralen Gegebenheiten. Sie bildet heute eines der grossen Diskussionsthemen in der Frage nach der Übernahme gleichberechtigter Verantwortung aller in einer Kirche, die primär nach den Charismen des Einzelnen fragt, und nicht nach institutioneller Ordination. Das Konzil hat sich trotz vielschichtigen Widerständen auch dieser Frage nicht verschlossen. In der Konstitution *Lumen Gentium,* Nrn. 30–38, haben die Bischöfe eine beeindruckend neue Sicht einer anderen Art des Kirche-Seins formuliert. Von ihr her eröffnen sich Perspektiven für den Aufbau neuer Strukturen, mit denen kreativ auf die «Zeichen der neuen Zeit» eingegangen werden könnte. Ihr Schwerpunkt richtet sich darauf, wieder das zu erreichen, was das eigentliche und ursprüngliche Ziel von Kirche sein wollte: Eine Gemeinschaft von Menschen, die sich gemäss ihrer je eigenen Charismen in den Dienst am Aufbau des Reiches Gottes stellen.

Als Konsequenz dieser neuen Blickrichtung etwa wird in *Lumen Gentium,* der innovativen dogmatischen Konstitution über die Kirche, explizit wieder auf die Wichtigkeit des «Volkes Gottes» als konstituierende Basis der Kirche verwiesen. So lesen wir bei Nr. 31 über die «Christgläubigen»:

> «[...] durch die Taufe [wurden sie] Christus einverleibt, zum Volk Gottes gemacht und des priesterlichen, prophetischen und königlichen Amtes Christi auf ihre Weise teilhaftig, zu ihrem Teil die Sendung des ganzen christlichen Volkes in der Kirche und in der Welt auszuüben.»

Inspiriert durch diese Perspektive hat auch das Kirchenrecht in can. 204 § 1 CIC/1983 den gleichen Gedanken aufgenommen:

> «Gläubige sind jene, die durch die Taufe Christus eingegliedert, zum Volke Gottes gemacht und dadurch auf ihre Weise des priesterlichen, prophetischen und königlichen Amtes Christi teilhaft geworden sind, sie sind gemäss ihrer je eigenen Stellung zur Ausübung der Sendung berufen, die Gott der Kirche zur Erfüllung in der Welt anvertraut hat.»

Das Konzil stützt seine Konzeption eines zukünftigen neuen Kirchen-Verständnisses auf die Überzeugung, dass alle Christinnen und Christen Träger einer spezifischen Berufung sind. Als deren Konsequenz nehmen alle Teil am gleichen, allgemeinen Gehalt einer priesterlichen, prophetischen und königlichen Sendung.

Die notwendige Konkretisierung und Unterscheidung für die praktische Umsetzung dieses Auftrages geschieht nicht primär durch «institutionelle Ordination», sondern aufgrund der vorhandenen Charismen und der Dienste, die sich aus den Bedürfnissen der Gemeinschaft ergeben. Die Grundausrichtung aller in der Gemeinschaft entstehenden Dienste aber orientiert sich immer an der zentralen Aufgabe jeder kirchlichen Gemeinschaft: mitzuarbeiten am Aufbau des von Jesus Christus verkündeten Gottesreiches. Als zentrales Schlüsselwort dieses ganzen neuen Verständnisses von Kirche-Sein erweist sich damit nicht mehr jenes der *Macht*, die Gott irgendeinem Menschen durch institutionelle

Ordination übertragen habe. Stattdessen geht es wesentlich um die Thematik des *Dienstes* an Gott, an der Welt und an der Gemeinschaft.

«Die Gemeinschaft des Volkes Gottes», schreibt Luis Perrez Aguirre, «hat Priorität über die juristischen und hierarchischen Strukturen.»[54]

Im Zusammenhang der damit angesprochenen Thematik ist es nicht unerheblich, auch daran zu erinnern, dass seit dem Konzil immer wieder die Frage im Raum steht, ob der Gebrauch des Begriffes Laie überhaupt noch zu empfehlen sei, dies vor allem wegen der heute eher abschätzigen Bedeutung des Wortes.[55] Denn der Laie ist letztlich nach wie vor jener, der von einer bestimmten Thematik nichts versteht.

Im kirchlichen Kontext hat das Wort zudem seit dem Mittelalter noch eine weitere, sozusagen juristische Bedeutung erlangt: Der Laie ist der «Nicht-Ordinierte», der «Nicht-Kleriker». Bis vor wenigen Jahrhunderten waren es in erster Linie die Kleriker, die eine mehr oder weniger gründliche Bildung besassen, und alle anderen konnten in der Tat als «Laien», d.h. als Nicht-Fachleute bezeichnet werden. Innerhalb einer bestimmten Denkweise durften oder mussten sie daher aus den kirchlichen Entscheidungsgremien ausgeschlossen werden. Sie hatten zu gehorchen und das zu akzeptieren, was die anderen, die Bescheid wussten und die Texte lasen, in jenen Gremien beschliessen würden.

Trotz allen Versuchen, diese negative Konnotation des Begriffes Laie zu überwinden, hat sich die eher abwertende Grundbedeutung des Wortes unbewusst, latent und verborgen bis heute bei vielen gehalten.

54 *Luis Perrez Aguirre*, A Igreja em Crise, São Paulo 1996, 49.
55 Vgl. *Peter Neuner*, Der Laie und das Gottesvolk, Frankfurt a.M. 1988, 120.

Während des Konzils und in den Jahren danach war zwar ein ausgesprochenes Bemühen festzustellen, die Bezeichnung mit positiven Inhalten zu füllen. Oft aber trugen auch diese wohlgemeinten Versuche nur dazu bei, die eigentliche Kernproblematik zu verschleiern; die Tatsache nämlich, dass sich die institutionelle Kirche in Form einer eigentlichen Klassenpyramide darstellt, auf deren unterster Ebene sich eben die so genannten Laien befinden, und im Speziellen noch jene, die nicht nur Laien, sondern zusätzlich auch noch Frauen sind. Die daraus sich ergebende Problematik hat bereits der holländische Theologe Edward Schillebeeckx sehr klar analysiert:

«Man verlegte das Charakteristikum des Laie-Seins in die Beziehung zur Welt, während die Beziehung zur Kirche den Kleriker kennzeichnete. Die ekklesiale Dimension jedes ‹christifidelis› und dessen *Beziehung zur Welt* wurde dadurch beiderseits verzerrt. Der Kleriker wurde der ‹apolitische› Mann der Kirche; der Laie der kaum ekklesial engagierte, ‹politisch engagierte› Mann der Welt. Der ontologische Status des in der Geisttaufe wiedergeborenen ‹neuen Menschen› wurde in dieser Sicht nicht in seinem eigenen Wert erkannt, sondern allein vom Standpunkt des Status der Kleriker aus betrachtet. Dieser ist aber kein Stand oder Status, sondern ein *kirchenfunktionaler* Dienst.»[56]

Die von Schillebeeckx aufgezeigte Problematik existiert bis heute. Ja, sie ist in einer von zunehmendem Neokonservatismus geprägten Zeit vielleicht noch weit aktueller denn damals, als Schillebeeckx sie formulierte. Umso mehr ist daran zu erinnern, dass das Zweite Vatikanische Konzil genau die Überwindung solcher und ähnlicher Tendenzen zum Ziele hatte. Wir begegnen darin erneut einem Verweis auf die Grossartigkeit dessen, was wir Kirche nennen. In ihren pastoral-institutionellen Manifestationen tritt jede

---

56 *Edward Schillebeeckx*, Christliche Identität und kirchliches Amt, Düsseldorf 1985, 192.

Art von problematischen und durch die Zeit überholten Elementen zutage. In ihren grundlegenden dogmatischen Dokumenten aber wird auf immer neue Weise das Wirken des Geistes Gottes sichtbar.

So erscheint denn auch in den hier genannten Texten des Konzils eine moderne und überzeugende Sicht. Sie eröffnet neue Perspektiven auf eine Art des Kirche-Seins, die den neuen Zeichen der Zeit entspricht. Der Geist Gottes weht in der Tat, wo er will, und allen Widerständen zum Trotz. Von solcher Grundvoraussetzung her ergeben sich denn auch für die hier abgehandelte Problematik des Laien in der Kirche ganz neue und hoffnungsvolle Möglichkeiten.

Aus neutraler und unabhängiger Perspektive heraus betrachtet aber lässt sich nicht leugnen, dass die zur Zeit noch herrschende Akzentuierung einer Unterscheidung zwischen Ordinierten und Nicht-Ordinierten, zwischen Klerikern und Laien in vielen Fällen weit mehr eine klassenorientierte Unterscheidung zum Ausdruck bringt als den Verweis auf die Communio und Teilnahme aller Getauften in Christus.

Dass sich darin vor allem auch eine historisch-ideologische Komponente widerspiegelt, arbeitet unter anderem Roman Giger in seiner lesenswerten Studie über «Kirchenbilder» sehr deutlich heraus:

«[Nach der] Konstantinischen Wende [bildete sich] ein geistliches Herrschaftssystem, in dem die Inhaber der geistlichen (heiligen) Vollmacht (sacra potestas) als *Klerikerstand* dem *Stand der Laien* gegenüber in geistlich religiösen und später auch in weltlichen Dingen die Regelkompetenz für sich monopolisierten. Diese ständische Gliederung der civitas Dei widerspricht den biblischen wie den altkirchlichen Zeugnissen von der *Einheit des Volkes Gottes* [...]»[57]

---

57 *Roman Giger*, Kirchenbilder, Vallendar-Schönstatt 2006, 236–237.

Zum gleichen Schluss kommt auch Medard Kehl in seiner Ekklesiologie:

«Die Fragwürdigkeit dieses Vorstellungsmodells liegt zum einen darin, dass hier die Gemeinschaft der Glaubenden in Form einer von oben (Papst) nach unten (Katechumenen) absteigenden Stufenleiter gedacht wird, was sich kaum mit der fundamentalen Gleichheit aller Glaubenden in Einklang bringen lässt. Zum anderen dringt durch diesen Begriff die Kategorie der ‹Herrschaft› in die kirchliche Communio ein [...] Schliesslich wird von Jesus ein klares Nein gegen die Übernahme von Rangstufen aus der jüdischen Glaubensgemeinde in seine Jüngergemeinde überliefert [...] (Mt 23,8 ff.).»[58]

Wenn die genannte Unterscheidung also weder nützlich noch biblisch ist, ja, wenn sie in gewissen Fällen gar aufrechterhalten wird, um eventuelle Machtpositionen zu sichern, dann müssen wir uns doch wohl schnellstmöglich wieder der Worte dessen erinnern, auf den die Kirche sich beruft:

«Bei euch aber soll es nicht so sein.» (Mk 10,43; im Kontext vgl. Mk 10,42–44)

Im Hinblick auf diese Mahnung ist es dann nicht nur angebracht, sondern dringend gefordert, wieder zurückzukehren zum Modell einer *Kirche der Communio und Teilnahme aller,* so wie das Konzil es eigentlich vorsah. In einer solchen Kirche haben alle «Ministerien» ihre Legitimation im Dienst an der Gemeinschaft, und nicht in einem institutionell-juristischen Status. Reinhold Stecher, Alt-Bischof der Diözese Innsbruck, hat diesen Sachverhalt in seinem «Brief an den Papst» vom 16.11.1996 sehr klar formuliert:

---

58 *Medard Kehl,* Die Kirche. Eine katholische Ekklesiologie, Würzburg 1992, 115.

«Das Amt in der Kirche ist von seinem biblischen Verständnis her ein dem Heil dienendes Amt und kein sakraler Selbstzweck [...] Die Tendenz, menschliche Ordnungen und Traditionen höher zu werten als den göttlichen Auftrag, ist das eigentlich Erschütternde an manchen Entscheidungen unserer Kirche am Ende dieses Jahrhunderts.»[59]

Der gleiche Gedanke findet sich in weniger kritischer Perspektive auch beim Schweizer Theologen Hans Urs von Balthasar. Roman Giger formuliert ihn in seiner diesbezüglichen Untersuchung so:

«Dadurch werden die Heiligen [gemeint sind ‹alle› Glaubenden, die an den kirchlichen Sakramenten teilnehmen], nicht das Amt zum Kern der Kirche und zum Vorbild christlichen Lebens.»[60]

Die hier angesprochene Perspektive erinnert mit aller Deutlichkeit daran, dass hierarchische Unterscheidungen zwischen institutionellen Machtinhabern und «gewöhnlichen Gläubigen» in einer geschwisterlichen Kirche nicht vertretbar sind. Falls sie aber dennoch feststellbar sind, dann gilt erneut die bereits einmal zitierte Warnung:

«Bei euch aber soll es nicht so sein.» (vgl. Mk 10,43)

Es ist denkbar, dass die so genannten Laien in vergangenen Jahrhunderten weniger sensibilisiert waren gegenüber den Machtspielen, die sich hinter dem Bestreben verbergen, die vorherrschende Dichotomie in der Kirche um jeden Preis beizubehalten. Heute aber sind sie sensibilisiert! Und in der Folge reagieren sie

---

59 Der Gesamttext des Briefes findet sich unter www.payer.de/religionskritik/stecher.htm.
60 *Roman Giger*, Kirchenbilder, Vallendar-Schönstatt 2006, 331 (Klammerbemerkung vgl. a. a. O., 330).

mit Ablehnung und mit Protest. Die traditionellen theologisieren-
den Argumente, mit denen in der Vergangenheit der Spezialstatus
einiger weniger legitimiert wurde, wird heute vom Grossteil der
Bevölkerung nicht mehr akzeptiert. Anderseits aber versteht und
bejaht die gleiche Bevölkerung ohne jedes Problem die vom Konzil intendierte Sichtweise der kirchlichen Dienste, so wie sie auch
in der Versammlung der französischen Bischöfe von 1975 formulierte wurde:

> «Die Priester haben die Pflicht, eine differenzierte Mitverant-
> wortung der verschiedenen Glieder der Kirche in die Wege zu
> leiten. Dies vor allem in Bezug auf die Verkündigung des Evan-
> geliums, den gemeinsamen Glauben und die Formen des kirch-
> lichen Zusammenlebens.»[61]

Das Zitat ist Beispiel dafür, wie aus dem Geist des Konzils heraus
sehr wohl auch über das priesterliche Charisma gesprochen werden kann, ohne dabei von vornherein von einem fundamentalen
Unterschied zwischen Geweihten und Nicht-Geweihten Gliedern
der Kirche auszugehen. Würde und Grösse des priesterlichen
Charismas bleiben völlig unbestritten, dennoch aber wird nicht
impliziert, dass dieses Charisma selbstverständlich, in sich selbst
und per se einen höheren Stellenwert beanspruchen könne als
alle anderen. Es wird keine hierarchische Trennung aufgebaut
zwischen einer speziellen Klasse von Geweihten und dem
gewöhnlichen Volk. Vielmehr geht es um die Betonung der Communio und Teilnahme aller.

Diese Sichtweise kann der Mensch des nachindustriellen Zeitalters verstehen und bejahen. In einer solchen Kirche lässt er sich
wieder einbinden: In einer Gemeinschaft, die keine Mitglieder
zweiter Klasse kennt, sondern das geschwisterliche Miteinander

---

61 Paraphrasiert aus: *Jean Rigal*, Ministères dans l'église, aujourd'hui et
demain, Paris 1980, 76. Vgl. dazu auch: *VV.AA.*, L'Église, institution et foi,
Bruxelles 1979.

von Brüdern und Schwestern; in einer solchen Gemeinschaft kann sich auch der heutige Mensch engagieren. Aus einer Kirche aber, die er, allen gegenteiligen Beteuerungen zum Trotz, in der Praxis weiterhin als exklusivistische Institution erlebt, läuft er davon.

Die Bischöfe des Konzils haben diese «Zeichen der Zeit» verstanden, schon ehe jene Zeit begann. Jetzt aber, da wir mitten in ihr leben, gibt es viele, die ihre Augen davor verschliessen. Dennoch sind sie da, diese Zeichen, und sie äussern sich unter anderem durch die bereits genannte zunehmende schweigende Emigration aus der Kirche.

Die neue Zeit hat begonnen, und mit ihr auch eine neue Mentalität der Menschen. Ihr gegenüber in der Kirche erneut aus vorkonziliarer Perspektive heraus reagieren zu wollen, wird die Probleme mit Sicherheit nicht lösen. Nur mutig die Schritte des Konzils aufzunehmen und weiterzuführen, eröffnet neue Sichtweisen und neue Wege. Eine dieser Sichtweisen beinhaltet auch das Modell einer Kirche, die niemanden mehr von bestimmten Diensten ausschliesst; einer Kirche, die sich als Dienerin der Menschen versteht; einer Kirche, die auf allen Ebenen die Gleichheit aller Glieder des Volkes Gottes praktiziert (vgl. dazu *Lumen Gentium*, Nrn. 9–17).

Auch in einer solchen Art des Kirche-Seins bleibt das Priestertum ein wunderbares Charisma, unverzichtbar, wichtig und von unschätzbarem Wert für die ganze Gemeinschaft der Glaubenden. Und vor allem gewinnt dieses Priestertum erst unter der Perspektive einer geschwisterlichen Kirche wieder seine volle Würde als Dienst an der Gemeinschaft zurück. Damit diese Würde gewahrt bleibt, ist es nicht nötig, andere Charismen niedriger einzustufen und andere Dienste als weniger wichtig und weniger würdig zu disqualifizieren. Stattdessen lässt sich kirchliche Gemeinschaft ohne jeden Widerspruch zu den Aussagen Jesu sehr wohl auf einer Basis der Mitverantwortung aller Getauften denken.

In einer solchen Gemeinschaft stellen alle ihre Fähigkeiten entsprechend ihren persönlichen Charismen in den Dienst dessen, auf den sie sich berufen: Jesus Christus und sein Projekt eines Reiches Gottes. Damit all dies sich auf der Basis der neuen, postmodernen und postindustriellen Mentalität verwirklichen lässt, ist es aber nötig, zur Realisierung des Protagonismus der Laien eine dritte Forderung zu formulieren:

Dritte Forderung:

In der Kirche der Zukunft kann es keine Dichotomie zwischen Klerikern und Laien mehr geben.
Wo eine solche existiert, muss sie ersetzt werden durch Strukturen der Kommunion und der geschwisterlichen Teilnahme aller. Dabei wird Würde und Wert der je verschiedenen Charismen völlig gewahrt. Als zentrale Perspektive für alle aber muss gelten: Der Dienst am Reich Gottes!

3. Teil
Strukturelle Analyse der drei Forderungen für eine Verwirklichung des Protagonismus der Laien

16 Erste Hauptforderung

Die Laien müssen das Bewusstsein ihrer Berufung wiedergewinnen, mitverantwortliche Handlungsträger der notwendigen Veränderungen innerhalb und ausserhalb der Kirche zu sein.

Diese Aufgabe in Angriff zu nehmen scheint leicht. Das Konzil hat sie schon erwähnt, und in vielen offiziellen Texten der Kirche spricht man davon.[62] Warum also erneut eine Angelegenheit zur Sprache bringen, die für alle bereits weitgehend klar zu sein scheint? So fragen viele, und in ihrer Frage wird genau die Schwierigkeit des hier behandelten Themas sichtbar: Auf den ersten Blick scheint das Problem nicht oder nicht mehr zu existieren. Es *scheint*, als sei jedermann in der Kirche längst und mit vollem Herzen mit der oben formulierten Aufgabe einverstanden. – Es macht den Anschein, ja, in Wirklichkeit aber *ist* die Situation sehr verschieden. Was sich in der Theorie als gelöst präsentiert, erweist sich bei näherer Betrachtung nach wie vor als ein in der Praxis

---

62 Als Beispiel seien im Folgenden einige bereits «klassisch» zu nennende Dokumente des Lehramtes angeführt, in denen die Frage einer Mitverantwortung der Laien schrittweise zur Sprache kommt:
- 1922: Enzyklika *Ubi arcano* von Pius XI. akzeptiert die Teilnahme der Laien in der so genannten Katholischen Aktion;
- 1943: Enzyklika *Mystici corporis* von Papst Pius XII. über den mystischen Leib Christi;
- 1961: Enzyklika *Mater et magistra* von Johannes XXIII. bei Nr. 11;
- 1963: Enzyklika *Pacem in terris* von Johannes XXIII. bei Nr. 150;
- 1965: Dekret *Apostolicam actuositatem* aus dem Zweiten Vatikanischen Konzil: erstes kirchliches Dokument, das von der Mitverantwortung der Laien spricht.

nicht befriedigend geklärtes Problem. Und genau darum ist es wichtig, erneut darauf einzugehen. Die Theorie, wie gesagt, bietet das Bild einer gelösten Frage. Die Schwierigkeit aber liegt in der Praxis, nicht in der Theorie.

«Die Laien hingegen, die auch am priesterlichen, prophetischen und königlichen Amt Christi teilhaben, verwirklichen in Kirche und Welt ihren eigenen Anteil an der Sendung des ganzen Volkes Gottes.»[63]

«Die Laien, die diese Sendung der Kirche vollziehen, üben also ihre Apostolat in der Kirche wie in der Welt, in der geistlichen wie in der weltlichen Ordnung aus.»[64]

Die Formulierungen aus dem Konzilsdekret sind tief, überzeugend und drücken eine echte und wirklich vorhandener Absicht aus. Neben der Absicht aber enthalten sie auch die dringende Aufgabe, das, was in den Texten als Ziel formuliert wurde, in die Wirklichkeit umzusetzen. Genau hier aber entsteht das Problem. Ab jenem Moment nämlich, an dem das vom Konzil in meisterhafter und prophetischer Weise formulierte Konzept realisiert werden soll, hören die Schwierigkeiten nicht mehr auf. Wir entdecken die unbequeme Tatsache, dass innerhalb der Kirche weiterhin Laien und Kleriker existieren, die der Geist des Konzils in keiner Weise übernahmen. Wir finden andere, Laien und Kleriker, die mit der besten Absicht der Welt die alten Strukturen der Macht beibehalten wollen; und es gibt andere, die sie mit derselben guten Absicht verwerfen. Wir stellen Kämpfe um Stellungen fest und um Prestige und über allem die zutiefst verwurzelte Angst, dass vielleicht irgendeine Norm oder ein Dekret verletzt werden könnte, von dem die einen denken, es sei absolut, und das die andern als relativ erklären. Es gibt Privilegien und Vorrechte und

63 *Zweites Vatikanisches Konzil*, Dekret über das Apostolat der Laien *Apostolicam actuositatem*, Nr. 2.
64 A. a. O., Nr. 5.

Eitelkeiten, die mit ins Spiel kommen, und dies in den meisten Fällen auf völlig unbewusster und meist emotionaler Ebene.

Ungeachtet aber all dieser und so vieler anderer Feststellungen gibt es anderseits keine einzige andere Institution, in der sich ein derart immenses Potenzial an gutem Willen findet; so viel Enthusiasmus und ein so ausgeprägter Sinn für Verantwortung gegenüber dieser Kirche, die von den einen so anders verstanden wird wie von den andern. Sie alle aber, ungeachtet ihrer verschiedenen Perspektiven, wollen sich ihr zur Verfügung stellen.

Alle diese und noch viele weitere widersprüchliche Phänomene existieren; ja, sie sind im Grunde völlig normal für eine Institution, die sich in beständigem Wandel befindet. Vor dem Hintergrund solcher Fakten aber erweist sich die Reflexion über die Laien als weit komplizierter, als sie auf den ersten Blick erscheint. Dies nicht zuletzt auch darum, weil jede diesbezügliche Besinnung als erstes auf eine sehr spezifische Frage eingehen muss, die uns ihrerseits wieder mit einer äusserst komplexen Situation konfrontiert: Wer sind eigentlich diese «Laien», die zu aktiven Protagonisten innerhalb der Kirche werden sollten? Wer sind diese «Laien», die in der Kirche Mitverantwortung übernehmen müssten?

Können wir in der heutigen pluralistischen und informatisierten Epoche überhaupt noch uneingeschränkt von Christinnen und Christen als «Laien» sprechen, als handle es sich um eine homogene Gruppe mit immer gleichen und unveränderlichen Merkmalen? Wir können es nicht! Jene Frauen und Männer, die traditionell in der Kirche als «Laien» identifiziert werden, existieren als fassbare Gruppe in der heutigen Zeit nicht mehr, und sie wird weit weniger noch in der Zukunft existieren. Der «Laie» als Kategorisierung für einen Menschen, der ungebildet und sprachlos sein Leben lebt, weil er nicht zu den Wissenden gehört, verschwand schon seit Langem. Wer ist also dieser männliche oder weibliche Laie, von dem in der Kirche so oft die Rede ist und der dennoch nicht selten am Rande des kirchlichen Geschehens zu stehen scheint?

Ohne fixe Definitionen aufstellen zu wollen, können wir doch mindestens fünf typische Mentalitäten jener Personen feststellen, die in der Kirche im Allgemeinen als Laien bezeichnet werden. Sich diese Kategorien bewusst zu machen, kann dazu beitragen, die Verschiedenartigkeit der Intentionen und Aktionen der vorangehenden Überlegungen besser nachzuvollziehen.

16.1 Die fünf Mentalitäten von Laien in der Kirche

- Die Schafe
- Die Konsumenten
- Die Emanzipierten
- Die Resignierten
- Die Revoltierten

Den Laien und sein weibliches Gegenstück als solche gibt es nicht. Was es gibt, sind Menschen, die handeln und die sich innerhalb der Kirche je nach einem der oben genannten Stereotypen verorten (lassen). Deren spezifische Charakterzüge sollen im Folgenden genauer beschrieben werden:

Erste Kategorie: die «Schafe»

Bereits im ersten Teil unserer Überlegungen wurde darauf hingewiesen, dass sich in den urbanen Gesellschaften von heute eine relativ grosse Gruppe von Christen findet, die keineswegs emanzipiert sein will. Ja, sie leistet der Emanzipation geradezu Widerstand. Um ihre Weltsicht bewahren zu können, verlangt sie ein Zurückgehen zu den Werten der Tradition, oder sie nimmt Zuflucht bei irgendeiner höheren Führungskraft, einem Leader, einem Guru oder einer sonstigen Leitfigur. Der Macht dieser Führung will sie sich unterordnen, und auf religiöser Ebene macht sie aus dieser Unterordnung geradezu das Kriterium des guten Christen oder mindestens des guten Katholiken. Diesen ersten Typ von Christen und Christinnen können wir das Modellbild dessen nennen, was in der Vergangenheit im religiösen Kontext mit «Schafe» bezeichnet wurde.

Dass es sie bis heute gibt, widerspiegelt einerseits das Resultat einer jahrtausendelangen Geschichte der Unterordnung. Auf der andern Seite sehen wir darin auch den Ausdruck einer tiefen Verunsicherung und Führungslosigkeit so vieler Menschen angesichts der Situation eines sich immer schneller vollziehenden Wertewandels und der daraus resultierenden Verlorenheit.

Im Allgemeinen sind «Schafe» bei den Inhabern der Macht gern gesehen, und die «Schafe» ihrerseits suchen ihre Zuflucht bei jener Macht, damit diese ihnen Sicherheit gebe in einer Welt, die jede Orientierung verloren zu haben scheint. Die Psychologie entdeckt in solchem Verhalten Mechanismen von Angst, Ohnmacht und Hilflosigkeit. Viele Menschen sind verstört infolge der zunehmenden Beschleunigung der Veränderungen, die die heutige Gesellschaft prägen. Gegen die dadurch entstehenden Unsicherheiten suchen sie Halt, und eine der Stützen, die sich ihnen anbieten, ist die symbolische Figur eines Vaters, der die neue Wirklichkeit zu deuten vermag und gleichzeitig vor deren Gefahren schützt. Die «Schafe» suchen einen solchen Vater, ohne es zu wissen. Für einige ist er verkörpert in der Figur eines Wissenden, für andere in einem religiösen oder politischen Führer. Wichtig ist, dass er mit Autorität spricht. So nämlich ist es möglich, sich bei ihm anzulehnen.

Die bei solchem Verhalten wirksamen Mechanismen sind bekannt seit dem Beginn der sozialen Psychologie. Die grosse Versuchung einer jeden Machtstruktur besteht darin, solches Verhalten zu unterstützen und zu fördern. Genau damit aber wird Unmündigkeit begünstigt, und kritische Fragen werden unterbunden. «Schafe» nämlich fragen nicht, sie gehorchen. Und jede Macht liebt es, wenn ihren Anordnungen Folge geleistet wird, ohne sie zu hinterfragen. Die «Schafe» wollen keine strukturellen Veränderungen, weder in der Gesellschaft noch in der Kirche. Aus diesem Grund üben sie keine Kritik an deren Institutionen. «Schafe» bedürfen keines grossen Aufwands vonseiten der Institution, sie erwarten nur geführt zu werden getreu jenen Richtlinien, die von den zuständigen Autoritäten ausgearbeitet und festgelegt worden sind.

Elemente dieser Sichtweise werden beispielhaft deutlich in der bereits zitierten Enzyklika *Vehementer nos* von Pius X.[65] Die Kernelemente des darin sichtbar werdenden hierarchischen Modells sind:

- Macht
- Perfekte Gesellschaft
- Monopol des Sakralen
- Hierarchie und Klerus.

Seit der Enzyklika Pius' X. sind mehr als 100 Jahre vergangen. Die Gesellschaft hat sich ebenso grundlegend geändert wie die Kirche. Jene Menschen aber, die an ihrem Status der gehorsamen «Schafe» festhalten möchten, wollen die seither stattgefundenen Veränderungen nicht akzeptieren. Sie lieben es weiterhin, zu gehorchen und ohne Proteste in jene Richtung zu gehen, die ihre Hirten ihnen weisen. Was sie unter keinen Umständen wollen, ist diese Welt verändern – und weit weniger noch ihre Kirche. Schon den Gedanken an strukturelle Veränderungen weisen die «Schafe» weit von sich.

Und damit stehen wir erneut wieder vor der kritischen Frage, ob Jesus wirklich diesen Typus des Menschen im Auge hatte, als er das Bild von den Schafen benutzte. Wollte er, dessen Wirken die damaligen Inhaber der Macht zu tiefgreifenden strukturellen Veränderungen herausforderte, wirklich passive Ja-Sager ohne jede Initiative? Wollte er Menschen, die Angst haben vor allem Neuen? Stellte Jesus sich seine Jünger wirklich vor als gefügige Schafe innerhalb eines geschlossenen und beschützten Stalls?

Oder ist es nicht viel mehr so, dass er seine Anhänger «wie Schafe mitten unter die Wölfe» sandte (Mt 10,16). Er sandte sie dorthin, nicht damit sie sich hinter Strukturen und Institutionen und religiösen Hierarchien verbergen sollen, sondern damit sie Salz seien und Sauerteig nicht nur in der Welt, sondern auch innerhalb ihrer eigenen religiösen Organisation.

---

65 Vgl. Abschnitt 15.2, mit Anm. 51.

Falls aber die Absicht unseres Herrn wirklich diese war, dann sind wir heute sofort mit einer neuen und unbequemen Frage konfrontiert: Wünschen die Inhaber der Macht ihrerseits solches Salz und solches Ferment? Oder ist es vielleicht so, dass sie ein Salz vorziehen, das seine Kraft verlor, weil sie selbst dann nicht infrage gestellt werden? Die «Schafe» stellen nichts und niemanden infrage. Sie beunruhigen nicht mit neuen Ideen. Der Protagonismus der Laien steht nicht auf ihrem Programm. Sie bevorzugen hierarchische Strukturen, weil sie auf diese Weise ihrerseits keine Verantwortung zu übernehmen brauchen.

Statistisch gesehen können die Vertreter einer solchen religiösen Mentalität die Minderheit in der Bevölkerung ausmachen. Ihre numerische Anzahl aber genügt, um die Kirchen zu füllen. Dies führt immer mehr zu einem speziellen Dilemma der Priester, deren Versuchung darin besteht, sich primär diesen «Schafen» zuzuwenden und sie zu betreuen. Dabei aber entsteht die Gefahr, die andern zu vergessen, jene, die nicht in der Kirche sind, jene, die aufbegehren, rebellieren oder die sich schlicht in Gleichgültigkeit oder Resignation verabschieden. Genau diese aber sind es, zu denen Jesus seine Anhänger sandte, um auch sie zu gewinnen oder zurückzugewinnen.

Aber es geht nicht nur um dies! Der gleiche Jesus formulierte auch die Forderung, das Bewusstsein der unkritischen «Schafe» zu bilden und zu schärfen, damit auch sie zu dynamischen Werkzeugen der Veränderung würden, voller Initiative angesichts der Aufgabe, alles das in der Welt und in der Kirche zu erneuern, was nicht oder noch nicht oder vielleicht auch nicht mehr mit dem ursprünglichen Projekt Gottes übereinstimmt. Dazu braucht es vonseiten der Hirten immensen Einsatz zur Bewusstseinsbildung der Gläubigen. Dieser Einsatz hat im Letzten eigentlich darauf zu zielen, selbst die Macht der Hirten durch eine neue Grundhaltung zu ersetzen, in deren Mitte das Dienen steht, und nicht das Herrschen, die Zusammenarbeit, und nicht die befehlende Autorität eines institutionalisierten Amtes.

Auch die vormaligen «Schafe» nämlich können befähigt werden, neue Verantwortungen zu übernehmen. Das überkommene Bild einer Kirche der Über- und Unterordnung kann ersetzt werden durch eine Kirche der Communio und Teilnahme aller; so hat es schon das Konzil gesehen.

Die grosse Frage aber, die sich stellt, lautet: Wollen die Hirten wirklich zu Dienern und Gleichberechtigten werden unter gleichberechtigten Schwestern und Brüdern? Wollen sie Diener werden unter Dienern, oder ziehen Sie es vor, die bestehenden Strukturen der Unterordnung beizubehalten?

Die Antwort auf diese Frage bleibt offen. Im Grunde muss sie jeder für sich selbst und vor seinem Gewissen beantworten. Tatsache aber ist, dass in den letzten Jahren und Jahrzehnten immer mehr Priester und Laien damit begannen, diese neue Art des Zusammenlebens in der Kirche zu leben: Brüder unter Brüdern und Schwestern im Dienste an anderen Brüdern und Schwestern.

Tatsache ist, dass die neuen Strukturen des Zusammenlebens und des Wirkens im sozialen Geflecht unserer Kirche bereits gelebt werden, und zwar durch unzählige Hirten und unzählige Laien. Der Veränderungsprozess des alten hierarchischen Denkens hat schon begonnen und ist weiter fortgeschritten, als viele denken. Der Geist Gottes wirkt, und unserer Kirche zeigt einmal mehr ihre unverbrauchte Vitalität.

Tatsache aber ist es auch, dass wir heute mit der Gefahr eines neuen Autoritarismus konfrontiert sind. Ihm gegenüber und gegenüber allen Versuchen, auch innerhalb der Kirche von Neuem auf Machtmechanismen zurückzugreifen, ist immer wieder an jenen zu erinnern, der allein Basis und Fundament dieser Kirche darstellt: Jesus Christus. Der aber hat sich zur diesbezüglichen Frage bekanntlich so geäussert:

«Da rief Jesus sie zu sich und sagte: Ihr wisst, dass die, die als Herrscher gelten, ihre Völker unterdrücken und die Mächtigen ihre Macht über die Menschen missbrauchen. Bei euch aber soll es nicht so sein, sondern wer bei euch gross sein will, der soll euer Diener sein, und wer bei euch der Erste sein will, soll der Sklave aller sein.» (Mk 10,42–43)

In dem Mass, wie die oben angeführten Aufforderungen erinnert und realisiert werden, wird sich auch die grosse Vision des Konzils verwirklichen: Die «Schafe» werden sich emanzipieren und ihre Aufgabe als Protagonisten wahrnehmen. Es wird eine Kirche von Brüdern und Schwestern entstehen, in der jeder und jede das je eigene Charisma lebt und als verändernde Kraft, als Ferment dazu beiträgt, dass das Projekt Jesu Schritt für Schritt verwirklicht werde.

1. Die Schafe

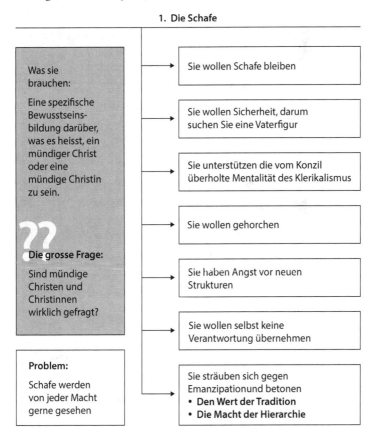

Was sie brauchen:

Eine spezifische Bewusstseinsbildung darüber, was es heisst, ein mündiger Christ oder eine mündige Christin zu sein.

Die grosse Frage:

Sind mündige Christen und Christinnen wirklich gefragt?

Problem:

Schafe werden von jeder Macht gerne gesehen

Sie wollen Schafe bleiben

Sie wollen Sicherheit, darum suchen Sie eine Vaterfigur

Sie unterstützen die vom Konzil überholte Mentalität des Klerikalismus

Sie wollen gehorchen

Sie haben Angst vor neuen Strukturen

Sie wollen selbst keine Verantwortung übernehmen

Sie sträuben sich gegen Emanzipation und betonen
• **Den Wert der Tradition**
• **Die Macht der Hierarchie**

Die psycho-soziologische Analyse der so genannten Laien in der Kirche zeigt als zweite Kategorie jene Art von Christinnen und Christen, die als «Konsumenten» bezeichnet werden können. Sie sind weit verbreitet und stellen vermutlich den Hauptteil der gegenwärtigen Besucher der Sonntagsmessen. Auch die «Konsumenten» wollen keine strukturellen Veränderungen in der Kirche; und wenn es zu Veränderungen kommt, protestieren sie mit lauter Stimme. Dies vor allem dann, wenn die Veränderungen auch eine Umstellung des eigenen Verhaltens fordern sollten.

Die «Konsumenten» haben sich an eine Kirche der Dienstleistungen gewöhnt. Geprägt von der neuen Mentalität des postindustriellen Menschen, fordern sie diese Dienstleistungen mit lauter Stimme und in bester Qualität, ohne ihrerseits aber zu dieser Qualität etwas beizutragen. Der Priester wird gesehen als eine Art religiöser Funktionär, und Gnade ihm Gott, falls er sich erfrechen sollte, im Namen Gottes von Dingen zu sprechen, die beunruhigen. In diesem Fall reklamieren die «Konsumenten» und schreiben Protestbriefe an die zuständigen Obern des entsprechenden Pfarrers. Im Allgemeinen wünschen die Konsumenten eine traditionelle Kirche, die ihrem geistlichen Wohlbefinden dient. Damit diese Dienste garantiert werden, sind sie auch bereit, Opfer zu bringen.

Die «Konsumenten» sind nicht aggressiv, solange ihre religiöse Routine nicht verändert wird. Von Engagement und Veränderung aber hören Sie nicht gerne sprechen. Protagonismus der Laien bedeutet für sie in erster Linie, dass sie nun noch bessere Dienstleistungen beanspruchen können. Das tun sie auch, und solange diese Dienstleistungen ihnen zusagen, sind sie zufrieden und schweigen. Damit die Dienste aber immer so bleiben, wie sie waren, unterstützen die «Konsumenten» eine hierarchische orientierte Mentalität, die ihnen innerhalb der Kirche Stabilität garantiert, die ihnen Sicherheit gewährt und das gute Funktionieren des institutionellen Apparates.

2. Die Konsumenten

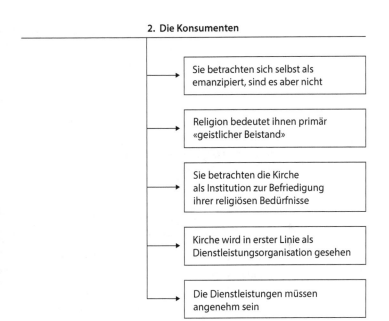

Sie betrachten sich selbst als emanzipiert, sind es aber nicht

Religion bedeutet ihnen primär «geistlicher Beistand»

Sie betrachten die Kirche als Institution zur Befriedigung ihrer religiösen Bedürfnisse

Kirche wird in erster Linie als Dienstleistungsorganisation gesehen

Die Dienstleistungen müssen angenehm sein

Dritte Kategorie: die «Emanzipierten»

Neben den bis jetzt beschriebenen Kategorien lassen sich unter den so genannten Laien noch drei weitere Kategorien feststellen. Jede von ihnen bringt auf ihre Art eine Mentalität zum Ausdruck, die sich wesentlich von den zwei bis jetzt beschriebenen Gruppen unterscheidet. Als erste dieser anderen Kategorien ist jene der «Emanzipierten» zu nennen. Sie repräsentieren den neuen Typus des postmodernen Menschen. Unsere Städte bringen ihn in immer grösserem Ausmass hervor. Resultat eines neuen Lebensstils und Ergebnis auch der neuen Bildungsphilosophie innerhalb der Industriebetriebe und in zunehmendem Mass auch im Schulsystem. Die neue Generation des urbanen Menschen gehört zum Typ der Emanzipierten. Sie ist es gewohnt, ihre Probleme selbst zu lösen. Es ist für sie selbstverständlich, an den Entscheidungsprozessen teilzunehmen, sei dies im Berufsleben oder auch im sozialen und politischen Bereich.

Die Bildung dieses neuen Typs von Christen und Christinnen ist im Allgemeinen umfassend und gründlich, geprägt durch einen kritischen Sinn und erweitert durch die Erfahrungen eines von Technologie und Informatik geprägten urbanen Lebens.

Das sind die Prämissen, die heute eine ganze neue Generation von jungen Männern und Frauen prägen. Und diese Prägung wird sich im Verlauf des kommenden 21. Jahrhunderts immer deutlicher auswirken. Innerhalb dieser Prämissen wächst der neue Typ des postmodernen urbanen Menschen dieses Jahrhunderts heran; weltoffen und elektronisch vernetzt; internetorientiert und gewohnt, in der neu entstehenden Wissens-Gesellschaft mitzureden. Diese neue Generation akzeptiert keine Bevormundungen mehr, weder durch die institutionelle Kirche noch durch irgendeine andere religiöse Autorität. Diese Tatsache aber bedeutet keineswegs, dass die Vertreter der neuen Generation nicht religiös seien. Ganz im Gegenteil: Oft suchen sie verzweifelt nach einer religiösen Basis. Es ist möglich, dass sie sich sehr ausgeprägt auch in der Kirche engagieren. Aber wenn sie dies tun, so tun sie es auf eine ganz andere Weise als die «Schafe»: Sie sind kritisch, und sie stellen der Kirche auch kritische Fragen.

Sie haben sich qualifiziert durch einen ausgeprägten beruflichen Wettkampf und durch lange Jahre der Schulbildung oder der Lebenserfahrung. Aus diesem Grunde fühlen Sie sich keineswegs als Laien, das heisst als Unwissende. Sie lassen sich durch Autoritäten nicht beeindrucken, seien diese aus dem politischen, wirtschaftlichen oder kirchlichen Bereich. Dogmatische Diskussionen und innerkirchliche Streitereien interessieren sie im Allgemeinen nicht. Aber wenn sie sich in der Kirche engagieren, dann tun sie dies mit einer ausgeprägten Selbstständigkeit. Sie kennen ihre eigenen Fähigkeiten und sind es gewohnt, Probleme ohne hierarchische Unterordnung zu lösen.

Emanzipierte Frauen und Männer. Der Typ Mensch, der fähig ist, auf kreative Weise Erneuerung und Veränderung zu bewirken.

Er ist geübt darin, im Team zu arbeiten, aber gleichzeitig versteht er dieses Team nicht als Gleichschaltungsinstrument, sondern als Mittel, um Probleme gemeinschaftlich zu lösen.

Wenn es der Kirche gelingt, die «Emanzipierten» für ihre Sache zu interessieren, dann sind Sie vielleicht unbequemen, sie stellen infrage, sie kritisieren, aber gleichzeitig werden sie dynamisch und innovativ tätig sein – die Christen und Christinnen des 21. Jahrhunderts.

Wenn die Kirche sie jedoch enttäuscht oder frustriert, dann lassen Sie diese mit der gleichen Autonomie stehen, mit der sie sich vorher für sie entschieden hatten. Sie ziehen sich zurück ohne grossen Lärm – schweigende Emigration – und wenden ihre Energien anderen Tätigkeitsgebieten zu, in denen sie sich mehr akzeptiert fühlen, stärker valorisiert und vielleicht auch mehr respektiert. Nach enttäuschenden Erfahrungen mit der Kirche gehen sie mit der gleichen Selbstverständlichkeit auf Distanz, mit der sie sich vorher engagierten; und mit ihnen verliert die Kirche ihre besten Kräfte, ohne sie aber deswegen auch als ihre Kritiker zu verlieren.

In einer Zeit, in der der Typ des städtisch-emanzipierten Menschen unablässig zunimmt, wird der Aufbau einer neuen und integrativen Kommunikationsstruktur innerhalb der Kirche unumgänglich. Sie muss die Autonomie des Einzelnen respektieren und fähig sein, ihre Mitglieder als mitverantwortliche und emanzipierte Mitarbeiter in neue Strukturen zu integrieren. Strukturen, in denen das alte, hierarchische und autoritäre Denken überwunden wird durch einen neuen Geist der Zusammenarbeit in Brüderlichkeit und Schwesterlichkeit.

Sie können in der Kirche engagiert sein oder nicht.	• repräsentieren den neuen Typ des postmodernen Menschen. • akzeptieren keine Bevormundung durch die institutionelle Kirche • dogmatische Diskussionen und innerkirchliche Streitereien interessieren sie nicht

Grundtyp des urbanen Menschen von heute

– verwirft Bevormundung
– ist gewohnt, die Probleme mit Kompetenz selbst zu lösen
– ist gewohnt, an den Entscheidungsprozessen teilzunehmen
– ist qualifiziert durch einen langen beruflichen Wettbewerb
– stellt Fragen an die Kirche, ausgehend von einer Haltung
  der *Kompetenz* und *Verantwortung* (fühlt sich nicht als «Laie»)

• will kein «Schaf» sein
• ist gewohnt, die neue Autonomie des Menschen
  im 21. Jahrhundert zu leben

Vierte Kategorie: die «Resignierten»

Die vierte Kategorie von Christinnen und Christen, denen wir heute begegnen, sind die «Resignierten». Sie haben zu irgendeinem Zeitpunkt die Hoffnung verloren, dass diese Kirche noch fähig ist, sich zu ändern. Es sind jene, die enttäuscht wurden in ihren Erwartungen und in ihrer Sehnsucht, eine offenere und gemeinschaftlichere Kirche schaffen zu können. Es sind die Träumer, deren Träume verlacht wurden oder verworfen, die sich deshalb aus der Kirche zurückgezogen haben. Viele von ihnen hatten sich in ihr engagiert, jetzt aber weigern sie sich, auch nur ein Gotteshaus zu betreten. Sie alle bieten in kleinerem oder grösserem Ausmass das gleiche Bild des enttäuschten Menschen. Und aufgrund ihrer Enttäuschung haben sie sich abgewandt und entfernt, auch sie im Allgemeinen schweigend und ohne Lärm.

- gehören zur Gruppe der Emanzipierten
- wollen keine «Schafe» mehr sein

ABER:

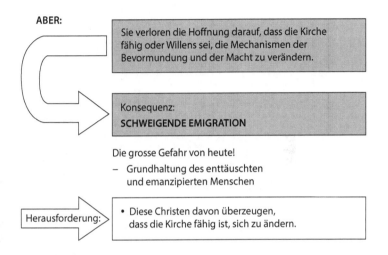

Sie verloren die Hoffnung darauf, dass die Kirche fähig oder Willens sei, die Mechanismen der Bevormundung und der Macht zu verändern.

Konsequenz:
SCHWEIGENDE EMIGRATION

Die grosse Gefahr von heute!
- Grundhaltung des enttäuschten und emanzipierten Menschen

Herausforderung:
- Diese Christen davon überzeugen, dass die Kirche fähig ist, sich zu ändern.

Fünfte Kategorie: die «Revoltierten»

Auch die Kategorie der «Revoltierten» gehört zur grossen Gruppe der emanzipierten Christinnen und Christen. In ihrer Mehrheit wurden sie durch kirchliche Bestimmungen, Gebote oder Verbote irgendwo auf einer tief emotionalen Ebene sehr persönlich und schmerzhaft getroffen. Oder sie machten die Erfahrung, genau dann von der Kirche nur Zensuren und Ablehnung erfahren zu haben, als sie deren Hilfe und Verständnis am nötigsten gehabt hätten. So fühlten sie sich verlassen und im Stich gelassen, und ihre Enttäuschung manifestiert sich als Zorn.

Und schliesslich finden wir auch in der Kategorie der «Revoltierten» wieder jene, die früher einmal auf irgendeine Weise in der Kirche engagiert waren oder sich hatten engagieren wollen. Aber auf die eine oder andere Weise wurden auch sie dabei frustriert oder brüskiert. Oder sie wurden abgewiesen, als sie sich voll des guten Willens anboten. Man wollte sie nicht und stiess sie auf manchmal subtile Weise zurück auf den Status der Schafe ohne Autorität. Sie machten die Erfahrung, durch die Amtsträger von vornherein ausgeschlossen zu werden und abgeschnitten von jeder Entscheidungsbefugnis, sobald es um mehr ging als um die Festlegung des Datums für den nächsten Kirchenbazar. Oft war ihnen nicht einmal dies erlaubt; viel weniger noch irgendeine Teilnahme an anderen Entscheidungsgremien auf theologischer oder moralischer Ebene.

Jene Entscheidungen, das wurde ihre ständige Erfahrung, werden gefällt auf den verschiedenen Ebenen einer Hierarchie, zu denen sie als «gewöhnliche» Christinnen und Christen nicht den geringsten Zugang haben. Und falls sie es dennoch als engagierte Laien wagten, einen Vorschlag zu machen oder eine Kritik zu formulieren, so wurden sie als arrogant bezeichnet und schweigend eliminiert. Ihre Stimme wurde zum Schweigen gebracht. Nicht etwa durch offizielle Verbote, sondern vielmehr auf dem Weg des Ausschlusses. Sie wurden nicht mehr eingeladen. Die Türen blieben verschlossen. Die zuständigen Amtsträger hatten leider keine Zeit. Ihre Aufgaben wurden «routinemässig» an andere übertragen.

So machten sie in vielen Fällen die Erfahrung des Propheten Amos (Am 7,10–15); und nach jener Erfahrung zogen sie sich zurück, aber nicht schweigend und resigniert, sondern verärgert und verbittert.

Auch sie suchten andere Tätigkeitsfelder und übernahmen neue Aufgaben und neue Verantwortung an andern Stellen ausserhalb der Kirche. Und wiederum verliert diese Kirche viele ihrer besten Köpfe. Sie verwirft Kräfte, die vielleicht voll des guten Willens waren. Aber nun sind sie voller Frustration, voller Enttäuschung, und diese Enttäuschung äussert sich in Aggression. In der Folge revoltieren sie gegen die Kirche und bekämpfen sie. In ihrer Revolte aber manifestiert sich vielleicht weitgehend unbewusst und verborgen jene gleiche Dynamik, die auch manche Propheten aus der Zeit des Alten Testamentes dazu trieb, dem System, das sie verstiess, fortan mit Aggression zu begegnen.

Die Anzahl von Menschen, die heute Ähnliches tun, ist nicht klein. Sie ist gross, und mit der Ausweitung des neuen Bewusstseins von Autonomie unter den Christen wird sie weiter zunehmen. Die vielen Erzählungen und Berichte über die Ursachen solchen Verhaltens, die der Autor im Verlauf der Niederschrift dieses Buches anhörte, bewirken Schmerz und tiefe Trauer. Denn in immer neuen Variationen wiederholt sich die Geschichte des Propheten Amos und dessen Vertreibung durch den Priester Amazja. Das aber ist nicht die Absicht Gottes!

Die so aufscheinende Problematik wird hier keineswegs zur Sprache gebracht, um anzuklagen, und noch weit weniger, um jemanden zu beleidigen. Aber sie möchte zum Bewusstsein gebracht werden, um daraufhin eine Gewissenserforschung anzuregen. Es darf ja nicht sein, dass die erschreckenden Sätze unseres Herrn auch auf uns bezogen werden müssen:

«Jerusalem, Jerusalem, du mordest die Propheten und steinigst jene, die ich zu dir gesandt habe!» (Lk 13,34)

Im Zorn nicht weniger jener Menschen, die heute als «Revoltierte» gegen die Kirche wettern, erscheint vielleicht in säkularisierter Form wieder der Zorn der alten Propheten.

In der Vergangenheit, und nicht zuletzt wegen ihres Bewusstseins, «Schafe» zu sein, dachten Laien kaum daran, dass auch sie Propheten sein können und sein müssen. Heute hat sich dies geändert.

Und aufgrund dieses neuen Selbstverständnisses schweigen die Laien nicht mehr. Sie antworten, sie kritisieren, und sie fordern. – Wenn sie aber trotz allen Anstrengungen feststellen, dass sie übergangen und ausgeschlossen werden, dann revoltierten viele von ihnen. Die meisten dieser Revoltierten gehen jedoch nicht den Weg der Propheten: Statt das System, das sie kritisieren, weiterhin zu lieben, beginnen sie es abzulehnen und vielleicht sogar zu hassen. Und schliesslich laufen sie in immer grösserer Anzahl davon und überlassen die Macht, die sie ausschloss, ihrer eigenen Isolation. Christen ohne Kirche! Christen, die in nichts den Eindruck haben, dass sie sich von der Kirche entfernt hätten. Stattdessen betonen sie immer wieder mit lauter Stimme, die Kirche habe sich von ihnen entfernt. «Diese Kirche», so sagen Sie, «verlor ihre Fähigkeit, sich zu wandeln.»

Andere wiederum sind überzeugt, dass die Kirche sich in ihren geschichtlichen Strukturen eingeschlossen habe, und zwar derart, dass dieses Strukturen ihrerseits zum Gefängnis geworden seien. Die Anzahl der Christen, die solches sagen oder mindestens denken, nimmt zu. Viele innerhalb der Kirche haben dies aber noch nicht bemerkt. Noch ist es möglich, die Augen vor den immer leerer werdenden Gotteshäusern zu verschliessen. Noch ist es möglich, zu übersehen, dass in unseren Gottesdiensten die Generation der 15 bis 45-Jährigen fehlt. Noch ist es möglich, aufgrund von religiösen Massenveranstaltungen die Illusion aufrechtzuerhalten, dass alles zum Besten stehe und dass die Kirche ihren festen Rückhalt im Volk habe.

Der Anschein aber trügt. Religiöse Massenveranstaltungen mit überfüllten Stadien sagen noch nichts aus über die Treue, mit der eine Religion die Absichten ihres Gründers verwirklicht. Auch volle Kirchen würden nur zeigen, dass die Generation jener, die unseren Gottesdiensten folgen, noch gross genug ist, um die Gotteshäuser zu füllen. Doch die Kirchen sind schon längst nicht mehr voll! Und ihre Leere ist keineswegs ein Zeichen für das Verschwinden des religiösen Interesses. Die Herzen der Menschen sind leerer als je zuvor. Der Schrei nach Gott ist heute dringender denn je.[66] Aber es gibt zu viele, die nicht mehr daran glauben, dass die Kirche auf diesen Schrei eine überzeugende Antwort weiss. Eine gute Antwort, eine beglückende Antwort, eine Antwort, die sich sehen lassen kann. Darum gehen sie weg, resigniert oder revoltiert, auf der Suche nach einem anderen Weg. Sie wieder zu gewinnen, ist das Gebot der Stunde. Ihnen wieder zu zeigen, dass

---

66 Man vergleiche dazu etwa: *Thomas von Mitschke-Collande*, Schafft sich die katholische Kirche ab?, München 2012, 121–130.

die Kirche ihnen Heimat bieten kann und Antwort auf ihre Fragen und Zuflucht für ihre liebeshungrigen Herzen, ist die grosse Aufgabe all jener, die sich dieser Kirche verpflichtet fühlen.

Auch die Revoltierten gehören zur Gruppe der «Emanzipierten».

Sie wandten sich aufgrund irgendwelcher enttäuschender Erfahrungen erzürnt und frustriert von der Kirche ab.

Sie glauben nicht mehr, dass der Kirche die Fähigkeit innewohnt, sich zu ändern. Deshalb emigrieren sie in Aktivitäten ausserhalb der Kirche.

Synthese:

1. Die Laien müssen wieder das Bewusstsein ihrer Sendung entdecken, verantwortliche und prophetische Handlungsträger der Veränderung innerhalb und ausserhalb der Kirche zu sein.

2. Angesichts der neuen Situation reagieren die Menschen auf zwei grundverschiedene Weisen:

die Erschreckten   **die Emanzipierten**

| Suchen verzweifelt nach Sicherheiten | Erlangen neue Autonomie |

Klammern sich an trad. hierarchische Strukturen. Diese geben ihm Sicherheit.
• Suchen «Inseln der Vergangenheit»
Kirche. Führer, Guru, Vater, Lehramt, Papst

Verwerfen die alten hierarchischen Strukturen. Im Namen ihrer eigenen Autonomie, Freiheit und Verantwortung

3. Es lassen sich 5 Kategorien kirchlicher Laien festellen

die Erschreckten

Schafe
• Suchen Sicherheit
• Wollen gehorchen
Konsumenten
• Suchen «Erbauung»
• Wollen «Dienste»
• Dienste müssen angenehm sein

die Emanzipierten

Emanzipierte
• Durch berufl. Kompetition autonom geworden
• Lehnen Bevormundung ab
Resignierte
• Verloren Hoffnung, dass Kirche sich ändert
• Schweigende Emigration
Revoltierte
• Distanzieren sich
• Engagieren sich ausserhalb der Kirche

16.2 Die schweigende Emigration: ein schwelendes Problem

Die Thematik wurde bereits im Kontext der nicht-partizipativen Strukturen bei Abschnitt 15.2 angesprochen. Sie leuchtete danach immer wieder auf im Zusammenhang mit der Besprechung der fünf verschiedenen Kategorien der Laien und allgemein dem Emanzipationsprozess zunehmend grösserer Teile des so genannten Kirchenvolkes. Die Dringlichkeit des Problems aber wird vielerorts in der Kirche nicht wahrgenommen, oder sie wird mit dem Verweis auf die zunehmende Säkularisierung der Gesellschaft verharmlost. Das Problem aber ist nicht harmlos, sondern im Gegenteil schwerwiegend und in höchsten Mass beunruhigend.

Immer grössere Kontingente von Christinnen und Christen ziehen sich aus der Kirche zurück, ohne deshalb offiziell aus ihr auszutreten. Sie protestieren nicht mehr, sie manifestieren sich nicht einmal, aber sie wenden sich innerlich ab, emigrieren schweigend und widmen ihre Aufmerksamkeit, ihre Fähigkeiten und ihre Energie anderen Wirkungsgebieten. Im Allgemeinen sind sie gebildet, sei es durch ihre schulische Laufbahn oder sei es durch vielfältige und komplexe Lebenserfahrung. Aber aus irgendeinem Grund glauben Sie nicht mehr daran, dass die Kirche fähig sei, sich zu ändern, und darum ziehen sie sich zurück.

Oft zitieren sie Beispiele persönlicher Erfahrungen von Zurückweisung oder Frustration. Viele der Emigrierenden würden eigentlich gerne in einer kirchlichen Gemeinschaft mitarbeiten, aber nur innerhalb einer Kirche, die anders ist als jene, mit der sie ihre frustrierenden Erfahrungen machten. Diese ihrerseits haben meist zu tun mit Manifestationen von Macht, Bevormundung, Eifersucht oder Intoleranz bestimmter Kirchenvertreter.

Schweigende Emigration kann aber auch ausgelöst werden durch die Erfahrung einer total entfremdeten Religiosität: Messen und Gebete, in denen primär die religiöse Erbauung gesucht oder angeboten wird. Total ich-bezogene religiöse Konzeptionen, deren wesentliches Ziel der Aufbau einer egozentrischen und emotionalen Gottesbeziehung zu sein scheint; losgelöst von jeder gesellschaftlichen Dimension. Opium für das Volk, oft übertragen in modernster Form mit Hilfe technischer Massenkommunikationsmittel; dennoch aber im Letzten nichts weiter als Flucht in eine Welt jenseits aller beunruhigenden Probleme.

Vor allem die «Emanzipierten» entdecken in solch religiösen Shows die Absicht, das kritische Denken zu unterbinden, die sozialen Probleme der Gesellschaft und der Welt vergessen zu machen, um sich stattdessen in einem Meer der Emotionalität zu verlieren, von der man glaubt, sie entspreche den Willen Gottes. Eine solche Art von Religiosität aber wird von ihnen verworfen. In vielen Kirchen jedoch, so sagen sie, findet sich in verschiedensten Variationen genau dies: Eine Versammlung von «Schafen», die nach religiöser Erbauung suchen. Angesichts einer solchen Kirche haben sie resigniert. Eine solche Kirche, so haben Sie gedacht, sei durch das Zweite Vatikanische Konzil überwunden worden. Nun sind sie erneut konfrontiert mit den gleichen Mechanismen, von denen sie vor 50 Jahren glaubten, dass sie nun der Vergangenheit angehörten. Stattdessen stehen sie wiederum vor einer Kirche, die sich allem Anschein nach als «die kleine Herde der Auserwählten» zu verstehen scheint und die sich gleichzeitig der Welt und ihren Problemen verschliesst.

Eine solche Kirche aber wollen sie nicht, und deshalb ziehen sie sich zurück, resigniert und enttäuscht durch die Tatsache, dass die Kirche so viele Probleme des modernen Menschen offensichtlich nicht zur Kenntnis nehmen will. Jene Kirche, die genau dazu so vieles zu sagen hätte, sich aber lieber auf dogmatische Formeln und geschichtlich zementierte Positionen zurückzieht. So sagen sie, frustriert durch die Erfahrung, dass ihre kritische und innovative Mitarbeit offensichtlich nicht erwünscht zu sein scheint, dass sie zum Schweigen verurteilt worden seien, nur weil ihre Stimme nicht dem entsprach, was höhernorts gerne gehört werde: Propheten ohne Stimme, weil ihre Stimme den Inhabern der Macht nicht behagt.

Sie machen im Grunde die gleiche Erfahrung wie Jesus zu seiner Zeit auch. Sie wurden der offiziellen Institution zum Ärgernis, und statt sie anzuhören und ihre Worte zu bedenken, wendet sich diese Institution von ihnen ab. Christen ohne Kirche sind sie geworden, enttäuscht in ihrer Liebe und zurückgestossen in ihren besten Absichten.

Wieder hinzuhören auf diese kritischen Christinnen und Christen und ihre Einwände ernst zu nehmen, ist eine der grossen Forderungen an die Kirche der Zukunft. Denn nur wenn sie ernstgenommen und angehört werden, können diese wieder die Erfahrung einer Kirche machen, die ihre Herzen anspricht. Und die Kirche ihrerseits kann zu dem werden, was sie nach dem Willen ihres Gründers eigentlich sein müsste: Eine Gemeinschaft, die sich einsetzt für das, wofür Gott selbst in Jesus Christus sich eingesetzt hat:

• Wahrheit unter den Menschen
• Liebe statt Egoismus
• Barmherzigkeit statt legalistischem Gesetzesgehorsam
• Geschwisterlichkeit statt hierarchischer Disziplin
• Gerechtigkeit in der Welt und Gerechtigkeit auch innerhalb der eigenen religiösen Strukturen.

Dies und so manches andere sind die Überzeugungen von vielen, die jetzt resignierten. Sie wiederzugewinnen ist das Gebot der Stunde. Aber sie müssen wiedergewonnen werden, bevor sie sich in anderen Bewegungen engagieren oder sich durch die Versprechungen irgendeiner Sekte verführen lassen.

Sie wiederzugewinnen für die Arbeit am Reich Gottes ist eine der vordringlichsten Aufgaben. Sie wird zum Erfolg führen, wenn es gelingt, eine neue Art des Kirche-Seins nicht nur aufzuzeigen, sondern zu leben. Eine Art, die sich an den Prinzipien Jesu orientiert, und nicht an jenen der Macht und des spirituellen Legalismus.

Die grosse Frage aber, die sich angesichts all dieser Forderungen erhebt, ist immer wieder die gleiche: Wollen die verantwortlichen Entscheidungsträger auf allen Ebenen eine solche Veränderung der Strukturen? Eine Veränderung, die eine wirkliche Mitverantwortung aller auf der Basis gegenseitiger Achtung und Liebe ermöglichen würde? Eine Mitverantwortung, die von Papst Johannes Paul II. im dritten Kapitel seines nachsynodalen Apostolischen Schreibens *Christifideles Laici* eigens angesprochen wurde. Sie könnte ein weiterer Schritt sein auf dem Weg zur verantwortlichen Integration aller. Solche Integration ist doch wohl ein Kernbestandteil jener Kirche, die Gott sich vorstellt.

Wir sind aufgerufen, sie zu verwirklichen, damit auch jene, die jetzt resigniert haben, in ihr wieder neuen Halt und eine neue Zuflucht finden können für ihre Herzen. Eine neue Heimat, in der sie sich in Liebe angenommen und verstanden fühlen. Eine neue Geschwisterlichkeit in einer von Konkurrenz und Wettbewerb geprägten nachindustriellen Gesellschaft; eine Gemeinschaft, die sie aufnimmt mit ihren Fähigkeiten und auch mit ihrem kritischen und transformatorischen Geist.

Die Kirche, die Gott will, ist eine Kirche, die sich dafür engagiert, wofür Gott selbst in Jesus Christus sich engagiert:
- für die Unterdrückten
- für die Schwachen
- gegen ungerechte Strukturen
- gegen Legalismus
- für die Freiheit
- für Barmherzigkeit

Wo die Menschen eine solche Kirche antreffen, werden sie sich erneut begeistern. Dort, wo sie Zeichen eines solchen Kirche-Seins erkennen, werden auch sie selbst sich wieder engagieren, und dies aus dem Wissen heraus, dass der Aufbau des Reiches Gottes nicht auf dem Weg der passiven und individuellen Frömmigkeit geschieht, sondern durch die praktische und konkrete Arbeit der Veränderung all jener Strukturen der Welt und der Kirche, die noch nicht dem Willen Gottes entsprechen.

Schlussfolgerungen aus der Analyse aller 5 Kategorien von Laien in der Kirche:

- Die schweigende Emigration ist eine der ganz grossen Gefahren für die Kirche.
- Um ihr zu begegnen, muss die Kirche zwingend zu einem neuen Grundbewusstsein über ihre Stellung in der Welt gelangen: Heute rennen die Menschen nicht mehr hinter der Kirche her. Stattdessen muss die Kirche hinter den Menschen herrennen!

17 Zweite Hauptforderung

In der Kirche bewusst oder unbewusst vorhandene (Vor-) Herrschaftsstrukturen müssen ersetzt werden durch Strukturen der Communio und Teilnahme aller.

17.1 Die Zeichen der Zeit erkennen

Aus seiner prophetischen Sicht heraus formulierte das Zweite Vatikanische Konzil in unterschiedlichem Kontext direkt oder indirekt immer wieder die Forderung, die Kirche müsse die Zeichen der Zeit erkennen.[67] Diese Forderung ist weit mehr als eine schöne Formel. Zur Zeit des Konzils vermochte ihr Inhalt die Hoffnung einer ganzen jungen Generation zu entzünden. Heute bewirkt er oft nur noch ein Achselzucken. – und in nicht wenigen Fällen wird auch innerhalb der kirchlichen Institution eher versucht, ihn zu vergessen.

Aber durch das Konzil spricht der Geist Gottes zur Kirche und zu den Menschen. Ein verändernder Geist, unbequem für alle

---

67 Vgl. z. B.: *Gaudium et spes,* Nrn. 4, 11; *Presbyterorum ordinis,* Nrn. 8, 18; *Apostolicam actuositatem,* Nr. 14; *Dignitatis humanae,* Nr. 15; Johannes Paul II., *Christifideles laici,* Einleitung, Nr. 3.

Ordnungswächter traditioneller Institutionen und verdächtig allen Repräsentanten festgefügter und traditionellerweise unveränderlicher Strukturen. – Der Geist Gottes steht nicht auf ihrer Seite. In seinem Namen haben wir bis heute und in alle Zukunft die Forderung zu stellen, dass die Kirche in ihrem Verhalten und in ihren Strukturen auf die Zeichen der Zeit zu achten habe.[68]

Statt die Augen vor ihnen zu verschliessen; statt die ganzen Zeiterscheinungen als säkularisiert zu bezeichnen oder als feindlich gegenüber der Stimme der kirchlichen Hirten; statt sich in gewissen Überheblichkeit zurückzuziehen in den Schutzraum der «kleinen Herde», die sich abgrenzt von der «bösen Welt», fordert das Konzil die Kirche auf, sich dem kritischen Anruf dieser Welt zu stellen. Die Gesamtheit der Kirche ist auf allen Ebenen aufgefordert, ihre Sinne zu schärfen und die radikalen Veränderungen wahrzunehmen, die das 21. Jahrhundert prägen.

Aber es geht nicht nur um das Wahrnehmen, sondern auch darum, in ebendiesen geschichtlichen Veränderungen die Stimme jenes Gottes zu suchen, den die Bibel als einen in der Geschichte wirkenden Gott beschreibt.

In dem Mass, wie die Kirche in allen ihren Gliedern sich diesem Anruf öffnet, wird sie entdecken, dass viele der strukturellen Veränderungen der heutigen Zeit keineswegs von vornherein negativ oder kirchenfeindlich sind. Sie ermöglichen vielmehr nach dem Beispiel der Abraham-Erzählungen auch heute wieder das Erkennen neuer und bisher ungesehener Perspektiven. Und sie rufen auf zum Aufbruch hin zu neuen Horizonten, deren Inhalte Gott auch seiner Kirche Schritt für Schritt erschliessen wird.

---

68 Man vergleiche in diesem Zusammenhang auch die tiefschürfenden Überlegungen des spanischen Theologen Andrés Torres Queiruga zur Frage nach dem neuen Paradigma, von dem her die göttliche Offenbarung zu betrachten sei: *Andrés Torres Queiruga*, Do terror de Isaac ao Abbá de Jesus, São Paulo 2001, 24–43.

Statt den Anruf Gottes in den Zeichen der Zeit aufzunehmen und aufzubrechen, ist es allerdings auch möglich, sich ihm zu verschliessen. Es ist möglich, sich auf «Inseln der Vergangenheit» zurückzuziehen oder in abgeschottete Schutzräume, in denen weiterhin eine Mentalität vergangener «besserer Zeiten» aufrechterhalten wird – vielleicht auch die Illusion, man gehöre zur kleinen Herde der von Gott Auserwählten, die sich von vornherein von der «gottlosen Welt» abzusondern habe. Solche «Inseln der Vergangenheit» aber werden über kurz oder lang überflutet werden, und jene, die sich durch ihren vorgetäuschten Schutz verführen liessen, werden erneut mit einer Realität konfrontiert werden, vor der sie sich zu schützen glaubten.

Auch die kirchliche Institution kann mit Macht und Autorität versuchen, Strukturen der Vergangenheit beizubehalten. Je mehr sie dies aber tut, umso mehr wird sie innerhalb ihrer alten Strukturen vereinsamen, während um sie herum eine junge Generation nun eben bei anderen Stellen nach Antworten für ihre Sehnsüchte und ihre Hoffnungen sucht.

Die seit bald 100 Jahren andauernde Beschleunigung der soziokulturellen Evolution verändert wesentlich auch den Kontext, in dem Kirche sich zu bewegen hat. In den vergangenen 80 Jahren nämlich wandelte sich die Weltsicht der Menschen in den industrialisierten Gesellschaften weit mehr als während der 400 Jahre zuvor. Diese Tatsache aber bringt schwerwiegende Konsequenzen auch für die Art und Weise mit sich, wie diese Menschen heute der Religion oder der Kirche und ihren Repräsentanten begegnen.

Angesichts dieser neuen Situation ist die Kirche wiederum aufgerufen, die Zeichen der Zeit zu erkennen. Viele ihrer Vertreter aber wollen nicht hören. Andere möchten das Rad der Geschichte zurückdrehen in jene vergangene Zeit eines triumphalistischen Christentums. Haben sie etwa Angst vor der neuen Zukunft? Oder fürchten sie, gewisse Privilegien oder Machtpositionen zu

Die Zeichen der Zeit erkennen!

Beschleunigung der kulturellen Evolution veränderte völlig den Kontext, in dem sich Kirche verwirklicht.

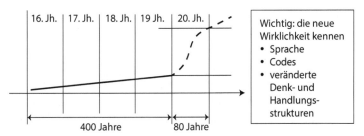

Im 20. Jh.: In 80 Jahren veränderte sich die Weltbefindlichkeit (Kosmovision) weit mehr als in den 400 Jahren vorher.

verlieren? Oder vertrauen sie vielleicht mehr der eigenen Macht als dem Glauben an Gott, der alle Dinge erneuert?

Wo ist Ihr Vertrauen? Und wo ist die Überzeugung, dass der Geist Gottes seine Kirche auch in diesen neuen Zeiten führt?

Der kulturelle Kontext der Kirche hat sich in der Tat verändert. Jene, die in Zukunft noch zu ihr gehören werden oder die vielleicht zu irgendeiner Zeit wiederentdecken werden, dass sie bei ihr Antworten auf ihre Sehnsüchte finden können, sie alle werden mit Sicherheit nicht mehr jene frommen «Schafe» von ehemals sein. Die Zeit der «Schafe» ist vorbei, und sich dessen bewusst zu werden bedeutet, die Zeichen der Zeit zu erkennen.

* Neue Kommunikationsstrukturen erreichen alle Schichten der Bevölkerung.
* Soziale Netzwerke verbinden Menschen mit unterschiedlichsten Ansichten, Religionen und Meinungen.
* Das Internet ermöglicht Zugang zu jeder nur denkbaren Art von Information.

Die neuen, weltumspannenden Kommunikationsnetze ermöglichen immer grösseren Schichten der Bevölkerung den Zugang zu immer mehr Information. Damit verschwinden in noch grösserem

Mass jene «Laien» als Nicht-Wissende und Nicht-Informierte von ehedem. Zugleich geht auch das Monopol jener immer mehr verloren, die in der Vergangenheit als die einzig Wissenden in der Kirche galten.

Elektronische Kommunikationsmittel wie Internet und E-Mail verbreiten neuartige Denkmodelle und Ideen, die das bestehende infrage stellen. Und kein Verbot und keine kirchliche oder spirituelle Strafandrohung vermag zu verhindern, dass die neuen Gedanken gedacht und diskutiert werden. Dies gilt auch für die Diskussionen über neue Formen des priesterlichen Dienstes und neue Modelle der Kirche.

- Wie in den ersten drei Jahrhunderten ihres Bestehens steht die Kirche auch heute wieder einer Welt gegenüber, die nicht von vornherein christlich ist.
- Diese Welt lässt sich nur dann überzeugen, wenn die kirchliche Botschaft auf ihre Sehnsüchte und ihre Hoffnungen zu antworten vermag.

In den urbanen Zentren der nachindustriellen Welt sieht sich die Kirche plötzlich einer Situation gegenüber, die in vielem jener gleicht, die sie in den ersten drei Jahrhunderten ihrer Existenz durchlebte: Ihre Stimme ist eine unter vielen anderen. Ihre Vorschläge werden kritisch analysiert, und wenn sie nicht überzeugen, lehnt man sie ab. Falls es der Kirche nicht geling, auf die konkreten Schwierigkeiten und Sehnsüchte der Menschen zu antworten oder die erloschene Flamme der Hoffnung in ihren Herzen wieder zu entfachen, dann wenden sich die Menschen von ihr ab und suchen anderswo nach Antwort auf ihre Fragen. Dort, wo sie sich vor allem durch Dekrete und Verbote manifestiert und mit Geboten, die es unter Androhung von jenseitigen Strafen zu befolgen gilt, dort erinnern sich die Frauen und Männer des 21. Jahrhunderts an das Bild einer Zwangsjacke. Und sie rufen die unbequeme Tatsache wieder ins Gedächtnis, dass die Kirche im Verlauf der vergangenen 1000 Jahre bei allen aufbrechenden Befreiungsbewegungen immer die Seite der rückwärtsgewandten, konservativen und repressiven Kräfte unterstützte, die neuen Ideen verwarf und jeden Versuch einer Befreiung zu ersticken versuchte.[69]

Die oben angesprochene Problematik wird heute vor allem von der jungen Generation sehr stark empfunden. Dies zeigt sich unter anderem deutlich in der von George Boran verfassten Studie zur «Jugend und Zukunft der Kirche». Dort wird die Situation wie folgt charakterisiert:

«Ein kritischer Teil der Jugend sieht die Kirche heute damit beschäftigt, eine Religion und Tradition am Leben zu erhalten, die nichts zu tun hat mit der Schaffung einer neuen Welt.»[70]

«Eine solche Kirche wollen wir nicht», sagt die Mehrheit der jungen Generation und wendet sich ab. Und die besser Informierten unter ihnen verweisen auf die Tatsache, dass jener Jesus Christus, auf den die Kirche sich beruft, für die Freiheit der Menschen eintrat und gegen die Bevormundung durch Dekrete und Vorschriften eines legalistischen Religionssystems. Und sie erinnern daran, dass das grosse Projekt jenes Nazareners die Utopie einer neuen Welt ausrief, ohne Tränen und ohne Unterdrückung. Im Gegensatz dazu weisen sie auf die vielen Jahrhunderte des so genann-

---

69 Die hier angesprochene Problematik wird heute nicht nur von profaner Seite genannt. Auch renommierte Theologen sprechen eine ähnliche Sprache, z.B. *Andres Torres Queiruga*, Do Terror de Isaac ao Abbá de Jesus, 363: «Auf fatale Weise hat sich im Katholizismus seit den Pogromen der Renaissance immer eine restauratorische Bewegung durchgesetzt. Sie suchte die Lösung in der Rückkehr zur Vergangenheit. So zum Beispiel bei der Marginalisierung des Humanismus, in der Gegenreform, der barocken Scholastik, der Neuscholastik des 19. Jahrhunderts, im Anti-Modernismus, der Neo-Neuscholastik des 20. Jahrhunderts in *Humani Generis* [...]»; vgl. zur gleichen Problematik auch: *Edward Schillebeeckx*, Menschen – Die Geschichte von Gott, Freiburg i. Br. 1990, 251–261.

70 *George Boran*, Jugend und Zukunft der Kirche, Münster 2002, 10.

ten christlichen Abendlandes hin, dessen von kirchlichen Strukturen geprägte Weltsicht keineswegs dazu führte, dass Unfreiheit, Zwang und Gewalt aus jener Gesellschaft verschwanden.

Angesichts solcher Vorwürfe nützt es wenig, auch die entgegengesetzte Seite aufzuzeigen. Darauf aufmerksam zu machen, bei wie vielen Gelegenheiten die Kirche sich einsetzte für das Recht der Unterdrückten.

Auch der Hinweis überzeugt nicht mehr, dass unzählige Priester, Bischöfe und Laien ihr Leben einsetzten und immer noch einsetzen für die Freiheit der Menschen, für die Verbesserung ihrer Lebensbedingungen oder einfach dafür, dass jemand die Verteidigung jener übernehme, die in unserer Gesellschaft keine Stimme mehr haben. Immer grössere Gruppen von Menschen lassen sich auch durch diese Beispiele nicht mehr überzeugen. Stattdessen weisen sie auf die Widersprüche hin zwischen Theorie und Praxis, und dann wenden sie sich ab. Sie verlassen eine Kirche, der es nicht gelang, sich ihnen als Zeichen der Hoffnung zu zeigen und als Versprechen für eine bessere Zukunft. Es sind Christinnen und Christen ohne Kirche, die sich enttäuscht auf die Suche nach anderen Antworten machen. Die Leere ihrer Herzen findet in der Kirche nicht mehr jene erfüllende Erfahrung, die in den ersten Jahrhunderten die Vertreter der damaligen nichtchristlichen Gesellschaft überzeugte: «Seht, wie sie einander lieben!»

Mit derartigen Charakterisierungen werden die Kirchenbesucher heute eher selten beschrieben. Dies mag mit ein Grund sein, warum diese Kirchenbesucher oft nicht mehr überzeugen. Stattdessen werden sie zunehmend eher als Vertreter einer vergangenen Mentalität betrachtet. Als autoritätsabhängige Zeitgenossen nämlich, die bei einer Institution Schutz suchen, die für immer grössere Teile der Gesellschaft bereits der Vergangenheit angehört.

Die Kirche hat für viele längst aufgehört, «die für alle sichtbare Stadt auf dem Berge» zu sein oder «das Licht, das die Welt erleuchtet» (vgl. Mt 5,14).

Sie war es noch in der Zeit der südamerikanischen Militärdiktaturen für die dortigen Menschen, und sie ist es immer noch überall dort, wo sie sich einsetzt für Unterdrückte und Verfolgte. Sie ist es dort, wo sie diesen Unterdrückten eine Stimme gibt und wo ihre Priester und Bischöfe mit Autorität und im Namen Gottes Gerechtigkeit fordern für alle jene, denen Unrecht geschieht. Sie war es auch damals, als der Bischof von Lugano sich einsetzte für die streikenden Arbeiter der staatlichen Eisenbahnbetriebe.

Aber sie ist es nicht mehr dort, wo ihre Vertreter gesehen werden als Verbündete der herrschenden wirtschaftlichen oder politischen Mächte; und sie ist es vor allem dort nicht, wo sie primär als gesetzgebende Institution in Erscheinung tritt und als Instanz, die damit droht, «ungehorsame» Mitglieder aus ihren Reihen auszuschliessen.

Auch dies sind Zeichen der Zeit. Diese Zeichen nämlich, sagt Hans-Joachim Sander, weisen auf Widersprüche in der bestehenden Gesellschaft hin[71] und auf Widersprüche in der bestehenden Kirche. Auf sie einzugehen beinhaltet in einem ersten Schritt oft den Mut, jenes kollektive Schweigen zu brechen, das diese Widersprüche verdeckt. Ein Schweigen übrigens, das von den betroffenen Instanzen oder Institutionen oft mit Autorität oder auch per Dekret verordnet wird.[72]

Die Zeichen der Zeit rufen daher auch die Kirche zuerst einmal zu einer ernsthaften Gewissensprüfung auf. In ihr ist ganz spezifisch zu fragen, ob man manche Zeichen der Zeit wirklich wahrnehmen *will.* Jene Zeichen nämlich, die uns infrage stellen und die auch die Kirche im Verlauf der ganzen Geschichte immer von Neuem herausfordern, auch ihre eigenen zementierten und

---

71 Vgl. *Hans-Joachim Sander*, Ein Ortswechsel des Evangeliums – die Heterotopien der Zeichen der Zeit, in: Herders theologischer Kommentar zum II. Vatikanischen Konzil, Freiburg i. Br. 2006, 434 ff.

72 Solches gilt sowohl für die profane Gesellschaft wie für kirchliche Institutionen. Man vergleiche etwa das per Dekret erlassene Verbot des Papstes Johannes Paul II., Themen wie Priesterzölibat oder Frauenordination in der Kirche öffentlich zu besprechen (vgl. Apostolisches Schreiben *Ordinatio Sacerdotalis* vom 22.5.1994).

institutionalisierten Strukturen immer wieder zu überdenken. Strukturen, die vielleicht schon über so viele Jahrhunderte aufrechterhalten wurden, dass alle ihre Vertreter sich längst daran gewöhnt haben, sie wirklich für unveränderbar und undiskutierbar zu halten.

Ein typisches Beispiel dafür ist die institutionelle Zweiteilung der Glieder der Kirche. Sie sichert seit Jahrhunderten der einen Gruppe Privilegien oder Macht und das Recht der Entscheidung, während die andere als so genannte Laien («Schafe») weiterhin in Abhängigkeit und unter Gehorsamspflicht gehalten werden.

Inzwischen rebellieren die «Schafe» und weigern sich, weiterhin «Schafe» zu sein. Sie rebellieren, und in ihrer Rebellion berufen sie sich auf jene Person, die letztlich einzige Basis und einziges Fundament der ganzen Kirche ist: Jesus Christus. Inspiriert und beflügelt durch die skandalöse Freiheit, mit der Jesus zu seiner Zeit sich gegen die offiziellen Vertreter der damaligen religiösen Institution stellte (vgl. Mt 23,13–33), akzeptieren auch die Christinnen und Christen von heute keine Autoritäten mehr, die einfach oktroyiert werden. In der Konsequenz fordern sie Veränderungen. Und sie tun dies nicht etwa, weil sie die Kirche verwerfen, sondern genau darum, weil sie ihre Kirche lieben.

In ihrem Protest zeigt sich die neue Autonomie der Laien, die sie im 21. Jahrhundert erlangten. Theologisch gesehen zeigt sich darin auch das Wirken des Heiligen Geistes, durch den Gott alle Dinge und auch seine Kirche erneuert.

In den postmodernen Gesellschaften finden sich immer mehr emanzipierte Menschen. Anderseits jedoch gibt es genau in diesen Gesellschaften ebenso eine nicht zu übersehende Anzahl von Erschreckten. Sie kommen in der Profangesellschaft vor, aber noch weit mehr innerhalb unserer Kirche. In allen nachindustriellen Profangesellschaften aber nimmt ihre Zahl ab, während jene der «Emanzipierten» zunimmt – Zeichen der Zeit!

Statt die Säkularisierung dieser Zeiten zu beklagen, sollten wir uns freuen, weil die Epoche der Bevormundung endlich vorbei ist.

Die Gläubigen haben damit begonnen, ihre kindliche Passivität zu überwinden. Sie erinnern sich zunehmend ihrer eigenen Fähigkeiten zu unterscheiden und zu entscheiden. Die Vertreter der urbanen Gesellschaften erobern jenen Raum der Freiheit zurück, der ihnen geraubt wurde. Aus christlicher Perspektive bedeutet dies, dass die Menschen damit beginnen, ihre Freiheit der Kinder Gottes neu zu entdecken (Gal 5,1; Röm 8,21).

Jene Freiheit aber äussert sich nicht einfach zufällig. Sie wird ausgebildet und systematisch trainiert in der Schule, und sie wird eingefordert und weiterentwickelt im Berufsleben der Männer und Frauen von heute.

Angeregt durch die sozialen Theorien des aktuellen Wirtschaftssystems und bestärkt durch die Untersuchungen von Pädagogik und Sozialpsychologie, wird heute auf allen Ebenen die Bildung autonomer Persönlichkeiten gefordert.

Das Berufsleben von Millionen Arbeitnehmern und Arbeitnehmerinnen ist auf allen Ebenen geprägt durch die beständige Forderung nach *totaler Qualität*. Ihre Leistungen werden durch spezielle Trainingsprogramme zu *totaler Effizienz* gesteigert. Diese Effizienz ihrerseits aber soll erreicht werden durch eine Grundhaltung der *totalen Verantwortung*. Und um diesen Anforderungen zu genügen, werden die Menschen daraufhin trainiert, in ihrem Arbeitsbereich mit *totaler Autonomie* zu handeln.

Diese Grundbegriffe der beruflichen Anforderungen von heute werden bereits durch Millionen von Menschen gelebt. Sie entwickelten sich gezwungenermassen immer mehr zur notwendigen und alltäglichen Lebensweise all jener, die im wirtschaftlichen Arbeitsprozess eingegliedert bleiben wollen. Um nicht entlassen zu werden, benötigen Sie Kompetenz und Autonomie. Auf dieser Basis sind sie fähig, verantwortliche Entscheidungen zu fällen, durch die die geforderte totale Qualität garantiert wird.

Die unter solchen Voraussetzungen notwendige neue Mentalität wird heute in hunderten von Weiterbildungskursen und Seminaren eingeübt. Sie wird gelebt in den Schulen und perfektioniert durch neue pädagogische Methoden. Angestossen durch die Forderungen einer auf totale Effizienz hin getrimmten Produktion, entwickelt sich eine neue Denk- und Lebensweise, die wesentlich auf der autonomen Entscheidungsfähigkeit des Einzelnen basiert.

Statt Bevormundung ist Teamwork und Zusammenarbeit gefragt; an die Stelle blinden Gehorsams tritt Mitverantwortung.

Die oben genannten Schwerpunktverlagerungen werden in den nachindustriellen Gesellschaften immer mehr zu Grundforderungen jeder beruflichen Tätigkeit. Aus historischer Perspektive lässt sich der Entwicklungsgang dieser Grundforderungen bis hin zur nachindustriellen Gesellschaft des 21. Jahrhunderts sehr deutlich nachverfolgen:

Die neue Autonomie wird in Industrie und Berufsleben systematisch eingeübt und trainiert:
- totale Qualität
- totale Effizienz
- totaler Wettbewerb
- totale Verantwortlichkeit

Änderung in der Führungsstruktur der Unternehmen

	1. und 2. Welle	3. Welle (1950–1980)	4. Welle (ab ca. 1980)
Struktur	hierarchisch	Arbeitsequipen	Mitarbeiter-gemeinschaft
Autorität	zentralistisch von oben nach unten	demokratisch Partizipativ wettbewerbs-orientiert	Entscheide durch Konsens begünstigen: situationsbezogene Führungswechsel

(nach: *Amana Key*, Leadership Review, Sept./Okt. 1994, 12–13)

Die tiefgreifenden technologischen und organisationalen Umwälzungen der vierten Veränderungswelle bewirkten die ihrer Konsequenz auch jene radikalen Änderungen der Weltsicht, von denen oben die Rede war. Gleichzeitig aber sind sie geprägt durch fundamentale Veränderungen der Führungsstrukturen in Wirtschaft und Industrie. Autoritäre Verhaltensweisen und Betonung hierarchischer Strukturen treten immer mehr in den Hintergrund. Sie werden ersetzt durch Strukturen der Teilnahme und der Mitverantwortung. Statt blindem Gehorsam ist Zusammenarbeit gefragt, und an die Stelle der hierarchischen Unterordnung tritt ein System gradueller Teamarbeit. In der Folge wird von den Mitarbeitern aller Ebenen eine immer ausgeprägtere konstruktive Übernahme von Mitverantwortung gefordert. Aus Untergebenen werden Mitarbeitende, und die institutionalisierte Vorgesetztenrolle wird je nach Gegebenheit ersetzt durch den so genannten situationsbezogenen Führungswechsel: Je nach den Erfordernissen und je nach den gerade notwendigen Kenntnissen und Fähigkeiten kann die Führungsrolle von einer Person auf die andere überwechseln.

Selbst wenn alle diese Veränderungen noch nicht in allen Industriebetrieben vollständig verwirklicht wurden, so zeigen sie doch den Weg, den die zukünftige nachindustrielle Gesellschaft gehen wird. Und sie machen die Veränderungen in Weltsicht und Lebensweise deutlich, die sich in den Angehörigen dieser Gesellschaften vollzieht oder bereits vollzogen hat.

«Organisationen auf der ganzen Welt verändern ihre Strukturen [...] Exzessiv hierarchisch organisierte Unternehmen haben wenig Überlebenschancen in einer Welt, in der Kooperation und Gemeinschaftsgefühl zu Schlüsselbegriffen des nachindustriellen Zeitalters geworden sind. Die Struktur an sich hört auf, etwas streng Unveränderliches zu sein, das von vornherein festlegt, wie sich die Veränderungen und Aktivitäten des Betriebs vollziehen müssen. Sie wird zu etwas, das organisch aus der eigentlichen Tätigkeit des Unternehmens herauswächst.»[73]

---

73 Übersetzt aus: *Amana Key*, Leadership Review, Sept./Okt. 1994, 12.

Die hier skizierten Veränderungen in Unternehmens- und Führungsstrukturen der nachindustriellen Betriebe beeinflussen wesentlich die Art und Weise, wie die in diesen Betrieben Beschäftigten Führung oder Autorität erleben und wie sie sich ihr gegenüber verhalten.

Es ist vor allem dieser Aspekt, der uns wieder zurückbringt auf das eigentliche Thema des vorliegenden Buches. Denn das, was die Menschen in ihrer beruflichen Alltagserfahrung lernen und leben, prägt zwangsläufig und automatisch auch ihr Verhalten gegenüber der kirchlichen Autorität.

Die in partizipativer und verantwortlicher Mitarbeit trainierten Menschen der nachindustriellen Zeit akzeptieren es nicht mehr, plötzlich auf den Status von Ignoranten reduziert zu werden, wenn es sich um Fragen von Kirche, kirchlichen Strukturen oder auch um ethisch bestimmte Verhaltensweisen handelt.

Selbstverständlich lässt sich der obigen Aussage gegenüber sogleich der Einwand formulieren, Kirche sei eben kein industrieller Produktionsbetrieb. Dieser Einwand ist berechtigt, und es wäre ein erschreckender Irrtum, Kirche nach dem Vorbild eines Industrieunternehmens verstehen oder organisieren zu wollen.

Aber die absolute Mehrheit der Glieder der Kirche lebt und arbeitet in Industrieunternehmen. Die neuen Grundhaltungen von Verantwortung und Autonomie, die sie dort notwendigerweise zu leben haben, werden sie nicht einfach vergessen, wenn sie am Abend ihren Betrieb verlassen. Dies aber bedeutet, dass sie die erlernten, antrainierten oder auch schon internalisierten Verhaltensmuster teils bewusst, teils unbewusst auch in ihrem Verhalten zur Kirche weiterpraktizieren.

In der Folge fordern sie auch dort Mitverantwortung und Mitspracherecht. Falls ihnen solches Recht aber verweigert wird, kämpfen sie zuerst darum. Und wenn sie irgendwann zur Ansicht kommen, dass dieser Kampf nichts bringt, dann wenden sie sich ab und suchen andere Betätigungsfelder.

Auch in dieser geschilderten Situation haben wir eines der viel-
beschworenen Zeichen der Zeit zu erkennen. Dies zu verneinen
bedeutet, die Augen vor der Wirklichkeit einfach zu verschliessen.

17.2 Die Kirche hat bereits auf die neue Mentalität der nachindustriellen Epoche reagiert

Angesicht der in vorgehenden Abschnitten formulierten Situation beginnen viele Vertreter der institutionellen Kirchen zu resi-
gnieren. Oder sie ziehen sich auf eine Verteidigungsstellung
zurück, die die Mehrzahl der Menschen als säkularisiert und reli-
gionslos bezeichnet. In der Folge wird in einer Art resigniertem
Rückzuggefecht auf den Wert der «kleinen Herde» und der religiösen Minderheit verwiesen, auf die Kirche sich nun eben zu konzentrieren habe. Solche Haltung aber führt in die Isolation, und
Isolation bewirkt zwangsläufig Stagnation. Kirche aber kann und
darf nicht stagnieren.

Viele Menschen, die sich um diese Kirche sorgen, entdecken
an ihr jedoch heute genau solche Merkmale. Sie stellen fest, dass
die Autoritäts*struktur* innerhalb der Kirche in keiner Weise mehr
dem Autoritäts*verständnis* der postmodernen Epoche entspricht.
Stattdessen begegnen sie in den kirchlichen Strukturen weiterhin
Merkmalen jener Führungsstrukturen, wie sie auf gesellschaft-
lich-beruflicher Ebene bereits in der zweiten Welle der industrie-
gesellschaftlichen Veränderungen ab Mitte des 20. Jahrhunderts
aufgegeben wurden. Gegen diese Tatsache protestieren sie, und
wenn der Protest nicht hilft, so laufen sie irgendwann davon.

Damit stehen wir vor einem weiteren der grossen Probleme,
die sich der Kirche heute stellen: Der zunehmenden Resignation.
Dem Verlust jeder Hoffnung, dass sich in der Kirche noch etwas
verändert. Als Ergebnis solchen Hoffnungsverlustes entsteht wiederum jenes bereits genannte Phänomen der schweigenden Emigration. Die Menschen zucken die Schultern und wenden sich
frustriert und enttäuscht von der Kirche ab.

Was ist angesichts dieser Situation zu tun? Gibt es noch Hoffnung? Oder bleibt in der Tat nur noch der Rückzug in das Ghetto der «kleinen Herde»? Solche Fragen werden heute auch innerhalb der Kirche gestellt. Wer aber solche Fragen stellt, zeigt mit erschreckender Deutlichkeit, wie weit er sich entfernt von der Dynamik des Glaubens. Die eigentliche Basis dieses Glaubens besteht ja aus Hoffnung: Der geschichtliche Weg des Volkes Gottes, quer durch die Jahrhunderte, bleibt bis heute eine Wanderung hin zu neuen Horizonten der Hoffnung.

Diese Hoffnung hat sich gehalten – selbst dann, wenn alle Indizien darauf hinzuweisen schienen, dass keine Hoffnung mehr möglich sei.

Die Kirche wird bezeichnet als das in der Geschichte wandernde Gottesvolk. Ihr Grundprinzip ist die Hoffnung. Und diese Hoffnung basiert auf einem weit sichereren Fundament, als es irgendeine menschliche Unternehmung tut, nämlich auf Gott selbst! Er ist es schliesslich, der die Kirche führt. Sein Wirken ist sichtbar im Verlauf ihrer ganzen dialektischen und gewundenen Geschichte. Die Gegenwart des Geistes prägt diese Geschichte, ungeachtet aller menschlichen Irrungen und Umwege. Dies gilt für die vergangenen Jahrhunderte ebenso wie für heute. So hat er denn diese Kirche auch jetzt bereits dazu geführt, in ihrem letzten Konzil wenigstens in Ansätzen ein Kirchenbild zu formulieren, das auch auf die neuen Bedürfnisse einer nachindustriellen Bevölkerung einzugehen vermag. Es ist in der Tat so, dass sich in den offiziellen Dokumenten des Lehramtes höchst interessante Ansätze für eine strukturelle Reform der Kirche finden; einer Reform, die Punkt für Punkt den Forderungen von heute entspricht.[74]

---

74 Vgl. *Lumen Gentium*; *Gaudium et spes; Apostolicam actuositatem*. Ebenso das Apostolische Schreiben *Christifideles laici* von Johannes Paul II. sowie die Schlussdokumente der Lateinamerikanischen Bischofskonferenzen von Santo Domingo, Nrn. 94–106 und Aparecida, Nrn. 154–239; 380–553.

17.3 Die dogmatische Basis zur Überwindung klassenbegründeter Gegensätze innerhalb der Kirche wurde bereits im Zweiten Vatikanischen Konzil geschaffen

Trotz aller im Vorgehenden angesprochenen kritischen Aspekte und Probleme ist es dennoch wesentlich, immer wieder auf eine grundlegende Tatsache hinzuweisen: Die von vielen geforderten strukturellen Veränderungen in der Kirche erweisen sich keineswegs nur als Wunschtraum einiger Utopisten. Es ist im Gegenteil so, dass die Kirche selbst bereits die dogmatische Basis für die Durchführung solcher Veränderungen formulierte. Die theoretischen Grundlagen existieren, und sie erweisen erneut die faszinierende Dynamik dessen, was wir Kirche nennen. Die Umsetzung jener theoretischen Basis in die Praxis aber weist gleichzeitig auf die in der Kirche immer auch vorhandene Dialektik jener Dynamik hin. Denn die Fundamente zur Veränderung wurden zwar formuliert, aber sie wurden in verschiedensten Aspekten noch nicht in die Praxis umgesetzt. Oder besser formuliert: Sie wurden nach ersten euphorischen Versuchen eine gewisse Zeit nach dem Konzil durch administrative Massnahmen zurückgestuft und Schritt für Schritt ersetzt durch neokonservative und zum Teil wiederum zentralistisch orientierte Konzeptionen. Die grossen Erneuerungsideen des Konzils erschreckten offensichtlich derart, dass viele es vorgezogen, zu den alten Mechanismen der Vergangenheit zurückzukehren. Dabei bemerkten sie nicht, oder wollten nicht bemerken, dass sie damit die Verwirklichung eines Projektes verunmöglichten, das zu seiner Zeit im eigentlichen Sinn revolutionär war.

Heute werden die gleichen Grundkonzeptionen nicht von der Kirche, sondern von nachindustriellen Produktionsunternehmen umgesetzt. Der grassierende Neokonservatismus in der Kirche aber, motiviert durch die Angst vor dem Neuen, versucht immer wieder, das Alte um jeden Preis zu bewahren. Dennoch aber wird jenes Neue kommen, und dies aufgrund der einfachen Tatsache, dass die Kirche durch den Geist Gottes geführt wird. Dieser Geist aber ist ein Geist der Erneuerung, der Veränderung, und nicht der Konservierung des Vergangenen.

Gegen alle Widerstände der Hüter anachronistischer und überholter Strukturen war er es, der die Bischöfe des Konzils dazu brachte, das Projekt für eine neue Art des Kirche-Seins zu formulieren:

- eine Kirche der Communio und Teilnahme aller
- eine Kirche des Volkes
- eine Kirche der Armen
- eine ministeriale Kirche
- eine Kirche der Kollegialität der Bischöfe
- eine Kirche des Protagonismus der Laien, die sich wieder auf die Würde aller Söhne und Töchter Gottes besinnt.

Das Konzil formuliert für die ganze Gemeinschaft der Kirche das Recht und die Aufgabe, missionarisch zu wirken. Die Sendung zur Evangelisierung der Welt ist in der Kirche nicht nur einer Gruppe besonders Ausgewählter gegeben. Sie ist Aufgabe des ganzen Volkes Gottes:

«Es besteht in der Kirche eine Verschiedenheit des Dienstes, aber eine Einheit der Sendung [...] Die Laien [...] die auch am priesterlichen, prophetischen und königlichen Amt Christi teilhaben, verwirklichen in Kirche und Welt ihren eigenen Anteil an der Sendung des ganzen Volkes Gottes.»[75]

«Christus [...] erfüllt bis zur vollen Offenbarung der Herrlichkeit sein prophetisches Amt nicht nur durch die Hierarchie, die in seinem Namen und in seiner Vollmacht lehrt, sondern auch durch die Laien [...] So werden die Laien gültige Verkünder des Glaubens an die zu erhoffenden Dinge.»[76]

---

75 *Apostolicam actuositatem*, Nr. 2.
76 *Lumen Gentium*, Nr. 35.

«Der Herr will ja sein Reich auch durch die gläubigen Laien ausbreiten [...]»[77]

«Entsprechend dem Wissen, der Zuständigkeit und hervorragenden Stellung, die sie einnehmen, haben sie [die Laien] die Möglichkeit, bisweilen auch die Pflicht, ihre Meinung in dem, was das Wohl der Kirche angeht, zu erklären.»[78]

«Gläubige sind jene, die durch die Taufe Christus eingegliedert, zum Volke Gottes gemacht und dadurch auf ihre Weise des priesterlichen, prophetischen und königlichen Amtes Christi teilhaft geworden sind, sie sind gemäss ihrer je eigenen Stellung zur Ausübung der Sendung berufen, die Gott der Kirche zur Erfüllung in der Welt anvertraut hat.»[79]

«Entsprechend ihrem Wissen, ihrer Zuständigkeit und ihrer hervorragenden Stellung haben sie [die Laien] das Recht und bisweilen sogar die Pflicht, ihre Meinung in dem, was das Wohl der Kirche angeht, den geistlichen Hirten mitzuteilen und sie unter Wahrung der Unversehrtheit des Glaubens und der Sitten und der Ehrfurcht gegenüber den Hirten und unter Beachtung des allgemeinen Nutzens und der Würde der Personen den übrigen Gläubigen kundzutun.»[80]

Die Konzilstexte zur Stellung der Laien in der Kirche zeigen offenbar eine wesentlich neue Sicht der Dinge. Auf ihnen aufbauend liesse sich folgern, dass auch die ehemalige Werte-Hierarchie zwischen Geweihten und Nicht-Geweihten überwunden wurde. Der Blick auf die Praxis jedoch zeigt, dass zwischen der gelebten Wirklichkeit und der formulierten Theorie nach wie vor eine

---

77 *Lumen Gentium*, Nr. 36.
78 *Lumen Gentium*, Nr. 37.
79 Can. 204, § 1.
80 Can. 212, § 3.

beachtliche Kluft besteht. Die Probleme entstehen offensichtlich primär auf der Ebene der praktischen Verwirklichung dessen, was das Konzil intendierte.

Auf der einen Seite besteht unbestreitbar ein immenses Potenzial an gutem Willen. Anderseits aber lassen sich auch viele nicht formulierte Tendenzen feststellen, klerikale Machtpositionen zu verteidigen oder zu erhalten. «Laien» sind gerne gesehen, wenn sie sich bereiterklären, das nächste Pfarreifest zu organisieren oder die Finanzen der Kirchgemeinde zu verwalten. Aber sie sollen es bitte nicht wagen, über Theologie zu sprechen oder gar bestimmte theologisch legitimierte Strukturen zu kritisieren. Von der Teilnahme an kirchlichen Entscheidungsprozesses ganz zu schweigen.

In diesen Fällen stösst der Laie und weit mehr noch «die Laiin» sehr schnell an das, was man nicht einen «eisernen», aber doch einen elastischen «Gummivorhang» nennen könnte. – Eine unsichtbare Grenze nämlich, über die niemand spricht und deren Existenz niemand zugibt, die aber dennoch funktioniert und auf elastisch und sanft erscheinende Weise jene eliminiert, die auf irgendeine Weise unbequem werden könnten.

Dazu kommt für die in kirchlichen Diensten engagierten Laien als weitere nie formulierte Erschwernis die Tatsache hinzu, dass sie mit nicht opportunen oder kritischen Äusserungen zu kirchlichen Themen unter Umständen ihre Anstellung bei dieser Kirche gefährden könnten. Darum schweigen sie lieber. Auf diese Weise aber verliert die Kirche wiederum unglaublich viele kreative Impulse.

Gleichzeitig offenbart sie in der Ablehnung eines auf der Ebene von Gleichberechtigten geführten Dialogs nicht zuletzt auch eine möglicherweise unbewusste Angst, an Macht oder Einfluss zu verlieren. Im Weiteren mag oft auch ein nicht reflektierter Verteidigungsreflex gegen jene mit im Spiele sein, die vielleicht unterschwellig als Eindringlinge in eine bis anhin nur wenigen Eingeweihten vorbehaltene Sphäre betrachtet werden. Um diese Domäne zu verteidigen, werden die Eindringlinge entfernt. Der

Zugang zu den Entscheidungsstrukturen bleibt für jene verschlossen, denen die «priesterliche Würde» fehlt und denen darum zum Beispiel, trotz eventueller glänzender theologischer Ausbildung, auch die Homilie in der Messfeier verboten wird. Falls es sich dabei um Frauen handelt, kommen noch weitere Tabus dazu.

Damit aber werden Schranken aufgebaut, deren Aufrechterhaltung sich vor allem im Hinblick auf die Art und Weise schwierig erweist, wie Jesus zu seiner Zeit gehandelt hat. Ihm zufolge sind alle Menschen offensichtlich Söhne und Töchter in der Gemeinschaft von Brüdern und Schwestern Jesu Christi. Das Konzil hat diese Tatsache immer wieder hervorgehoben. Sie wird in der Theorie auch von niemandem geleugnet. In der Praxis aber existieren Einwände und Einschränkungen, und es lassen sich Verteidigungsmechanismen traditioneller Positionen feststellen, die oft beinahe eifersüchtig erscheinen.

Nicht selten wirken hinter den diesbezüglichen Argumentationen die gleichen Mechanismen, die Jesus bereits zu seiner Zeit kritisierte: theologische Rechtfertigungen eines Status quo, die in Wirklichkeit autoritäre Absichten verbergen.

Die lateinamerikanischen Bischöfe warnen in ihrer vierten Bischofskonferenz von Santo Domingo denn auch explizit vor solchen Verhaltensweisen. Sie finden sich übrigens nicht nur bei unseren geweihten Brüdern, sondern gelegentlich noch weit ausgeprägter auch bei kirchlich tätigen Laien.

> «Das Weiterbestehen einer gewissen klerikalen Mentalität bei vielen Pastoralagenten, Klerikern und auch Laien (vgl. Puebla No. 784) [...] hindert uns daran, wirklich effiziente Antworten auf die Herausforderungen der Gesellschaft zu geben.»[81]

---

81 Schlussdokument der Konferenz von Santo Domingo, Nr. 96. (Die in Brasilien übliche Bezeichnung Pastoralagent/-in drückt – im Unterschied zur in der Schweiz gebrauchten Bezeichnung Pastoralassistent/-in – aus, dass der mit diesem kirchlichen Amt betraute «Laie» nicht nur als Assistent betrachtet wird, sondern als verantwortliche/-r Inhaber/-in seines/ihres Amtes.)

«Es braucht eine beständige Förderung der Laienschaft, frei von jedem Klerikalismus und ohne Reduktion auf die rein interekklesiale Ebene.»[82]

In der Kirche findet sich ein ungeheures Potenzial an gutem Willen. Dies wird es darum auch möglich machen,
• noch bestehende Ausschluss-Mechanismen zu überwinden;
• bei einem Teil der Amtsträger noch vorhandene Angst vor Machtverlust abzulegen;
• den Aufbruch hin zu neuen Ufern zu wagen.

Gegen alle persönlichen und strukturellen Widerstände ist die Kirche in ihrer Gesamtheit aufgerufen, den Aufbruch hinein in eine neue Zukunft zu wagen. Die Erklärungen des Konzils ermutigen dazu, und das Beispiel so vieler Gelegenheiten, bei denen die Mentalität von Ausschluss, Abkapselung und Abgrenzung innerhalb kirchlicher Strukturen bereits überwunden wurde, verleihen Hoffnung und verleiten zu weiteren Schritten. Die Vision einer neuen Art des Kirche-Seins bleibt nicht einfach ein «Kirchentraum». Ganz im Gegenteil! Der Aufbruch dazu hat bereits begonnen. Die Kirche ist auf dem Weg, und sie wird diesen Weg weitergehen, weil die in ihr wirkende Kraft jene des Geistes Gottes ist, der verändert und alles erneuert.

Damit die Impulse des Geistes aber Wirklichkeit werden, braucht es Risikobereitschaft und Kreativität. Es braucht den Mut, die alten Denkmuster aufzugeben und überholte Handlungs-Schablonen zu verändern. Abrahamitisches Vertrauen ist gefragt und die Bereitschaft, Erfahrungen zu machen und neue, noch niemals begangene Wege zu gehen. Ein Aufbruch ist gefordert, hinein in ein Land, das Gott uns zeigen wird (vgl. Ex 12,1). Zu solchem Aufbruch ist die Kirche fähig, und sie hat die Kraft, dabei auch die ernste Mahnung dessen zu beachten, auf den sie sich letztlich beruft:

---

82 A. a. O., Nr. 97; vgl. auch Nrn. 98–101.

«Die Könige herrschen über ihre Völker, und die Mächtigen lassen sich Wohltäter nennen. Bei euch aber soll es nicht so sein, sondern der Grösste unter euch soll werden wie der Kleinste, und der Führende soll werden wie der Dienende!»[83]

Wie Jesus sich die Gemeinschaft seiner Nachfolger vorstellt

Damit es im Kontext der Kirche nicht so ist wie bei den Herrschern über die Völker, haben in dieser Kirche alle Machtstrukturen von Über- und Unterordnung zu verschwinden. Die grosse alternative Verhaltensweise Jesu war jene des Dienens. Es war nicht zuletzt diese seine Grundoption, die ihn in frontalen Gegensatz brachte zur religiösen Institution seiner Zeit. Allzulange wurden diesbezügliche Berichte in den Evangelien einseitig als jesuanische Kritiken an unserer jüdischen Schwesterreligion verstanden statt als zeitlose Offenbarung über die Gefahr, die jeder religiösen Institution droht. In diesem Sinne haben daher auch wir dringend darauf zu achten, dass sich eine solche Situation in

83 Lk 22,25–26; vgl. auch: Mk 10,42–44; Mt 18,4; Mk 9,34–35.

unserer eigenen Kirche wenigstens in der Zukunft nie mehr wiederholt. Falls in ihr aber heute oder zu irgendeiner Zeit diesbezügliche Tendenzen manifest werden sollten, dann brauchen wir den Mut, ohne Zögern die notwendigen strukturellen Reformen in Angriff zu nehmen. Dazu aber ist neben Kreativität auch Fantasie und bewusste Initiative nötig. Es braucht den klaren Entschluss, «vorwärts zu gehen» und die auch innerhalb der Kirche bestehenden Widerstände zu überwinden, so wie es durch Papst Franziskus sehr deutlich gefordert wurde:

«Der Heilige Geist drängt zum Wandel und wir sind bequem [...] Es ist dieses ‹vorwärts gehen›, das für uns so anstrengend ist. Die Bequemlichkeit gefällt uns besser.»[84]

Die zentralen Charakteristiken des Gottesvolkes sind:
* Dynamik
* das Bewusstsein «auf dem Weg» zu sein
* geschwisterliches Miteinander auf der Basis einer fundamentalen Gleichberechtigung aller Mitglieder
* Wertschätzung der unterschiedlichen Charismen
* dienen statt herrschen
* Überwindung jeder Ausgrenzung
* Abkehr von Klerikalismus und Legalismus
* gegenseitiges Dienen statt autoritärem Befehlen.

Nur so kann eine Kirche entstehen, die Menschen wieder anzieht und überzeugt!

Eine der höchst interessanten Konsequenzen einer Strukturreform nach dem oben skizzierten Modell ist die Tatsache, dass eine solche Kirche weitgehend den neuen Herausforderung einer nachindustriellen Zeit entsprechen würde; einer Zeit übrigens, die in gewissen Publikationen bereits als nach-christlich bezeichnet wird.

---

84 blog.radiovatikan.de/der-heilige-geist-drangt-und-wir-sind-bequem/ (27.5.2013).

Ungeachtet aller wechselnden Bezeichnungen aber gilt zeitlos für die Kirche, dass sie

- sich als geschwisterliche Dienerin aller Menschen zu verstehen beginnt;
- eine Kirche der Communio und Teilnahme aller wird;
- die klassifizierende Unterscheidung zwischen Ordinierten und Nicht-Ordinierten überwindet;
- zum gemeinsamen Ort wird, an dem Menschen gemäss ihren je eigenen Charismen zusammen am Aufbau des Reiches Gottes arbeiten.

Basierend auf diesen Parametern lässt sich eine dritte Hauptforderung formulieren, die in einer Kirche der Communio und Teilnahme aller realisiert werden muss.

18 Dritte Hauptforderung

Die den Prinzipien einer jesuanischen Gemeinschaft widersprechende Dichotomie zwischen Klerus und Laien muss ersetzt werden durch Strukturen, in denen jeder Einzelne gemäss seinem speziellen Charisma am Aufbau des Reiches Gottes mitarbeiten kann.

18.1 Der Zwiespalt zwischen Theorie und Praxis in der aktuellen Stellung nicht-ordinierter Frauen und Männer in der Kirche

a) Stellung auf der Ebene der Theorie:

Soweit es die offiziellen kirchlichen Dokumente betrifft, hat sich die Stellung der Laien gegenüber der Zeit vor dem Zweiten Vatikanischen Konzil wesentlich verändert. Die Kirche als in sich geschlossenes ekklesiastisch-klerikales System existiert nicht mehr. Das Machtprinzip und die Monopolisierung des Heiligen, die das Selbstverständnis der Kirche noch bis in die Mitte des 20. Jahrhunderts prägten,[85] wurden durch die Reformen des Konzils weitgehend überwunden. Dabei darf allerdings die Gefahr nicht aus dem Auge verloren werden, dass genau diese Prinzipien auf dem Weg einer stillen neozentralistischen, neokonservativen und neoklerikalen Restauration wieder an Bedeutung gewinnen.

Ungeachtet solcher Restaurationstendenzen aber gilt weiterhin das, was die Brasilianische Bischofskonferenz in Nr. 45 ihrer Studien formulierte:[86]

«‹Lumen Gentium› hat das Bild der Kirche als Gesellschaft von Ungleichen – in der die Laien als zweite Kategorie erscheinen – ersetzt durch das Bild ‹wirklicher Geschwisterlichkeit und Gleichheit› in der Kirche. Damit wurde den Laien die Würde und die Freiheit der Kinder Gottes wieder zuerkannt.»[87]

«Statt des Gegensatzpaares Priestertum – Laienschaft wurde eine Theologie der Ministerien eingeführt. Diese zieht es vor, die Kirche unter den Begriffen von Gemeinschaft und Charisma/Dienst zu beschreiben.»[88]

b) Stellung auf der konkreten Ebene des praktischen Vollzugs

Auf der theoretischen Ebene kirchlicher Dokumente hat sich an der Stellung nicht-ordinierter Christen und Christinnen in der Kirche seit dem Konzil ganz Wesentliches geändert. Im praktischen Vollzug dessen aber, was die Dokumente meinen, ergeben

---

85 Vgl. dazu etwa die weiter oben zitierte Enzyklika von Papst Pius X.
86 *CNBB*, Estudos No. 45, Leigos e participação na Igreja, São Paulo 1986.
87 A. a. O., 125.
88 A. a. O., 127.

sich infolge einer zunehmenden Restaurationstendenz in der Weltkirche weiterhin Schwierigkeiten und Widersprüche. Die bereits zitierte Schrift der Brasilianischen Bischofskonferenz sagt dazu:

> «Die Massnahmen, die getroffen wurden [...] um die Autorität der Hierarchie wieder zu stärken, bewirkten tiefe Enttäuschung in den progressiven Sektoren der Laienschaft [...]»[89]

Gleiches stellt auch der bekannte brasilianische Theologe Ernanne Pinheiro in einem Buch zur Mission der Laien fest:

> «[...] die klerikale Mentalität unserer Kirche [...] verzögerte viele der Pläne und Träume einer Ekklesiologie der Kommunion und Teilnahme; man glaubt in der Kirche noch nicht wirklich an den Laien [...]»[90]

Angesichts solcher Aussagen und der dahinter sichtbar werdenden Wirklichkeit wird verständlich, warum sich die kritischen Stimmen häufen. Die Zahl frustrierter Christinnen und Christen nimmt zu, und mit ihr die schweigende Emigration. Immer mehr Menschen distanzieren sich von der Kirche, nicht weil sie religions- oder glaubenslos sind, sondern aus enttäuschter Hoffnung. Solche Enttäuschung aber wird irgendwann zu Aggression – oder aber zu einer Haltung trotziger Ablehnung, die sich etwa in folgenden, vom Autor mehrfach gehörten Worten äussern kann:

> «Ihr gebt mir keinen Raum in dieser Kirche. Dann lasst es doch bleiben und macht eure Sache selbst!»

---

89 A.a.O., 128.
90 *Ernanne Pinheiro*, A missão dos leigos, São Paulo 1997, 138.

Derartige Äusserungen dürfen keineswegs einfach überhört werden. Ebenso wenig ist es zulässig, sie mit dem Hinweis abzutun, es handle sich um Personen ohne Glauben oder ohne Religion, ohne Liebe zur Kirche und ohne Respekt vor deren Autorität. In Wirklichkeit nämlich manifestiert sich in der gezeigten Verhaltensweise tiefste Frustration. Diese Frustration wird tragisch, wenn es sich um nicht-ordinierte Menschen handelt, die als solche bereits in kirchlichen Diensten stehen, denen aber mit Hinweis auf kirchliche Gesetze mehr oder weniger grosse Bereiche dieses Dienstes verweigert werden, obwohl eminente pastorale Notwendigkeiten dafür bestünden. Gerade in diesem Kontext ist immer neu daran zu erinnern, dass die oberste Handlungsmaxime einer Kirche, die sich auf Jesus Christus beruft, nicht ein pharisäischer Legalismus sein darf, sondern der Antwortversuch auf die Frage sein muss, wie den Menschen auf ihrem Weg zum ewigen Heil am besten gedient werden kann. Um dieser Forderung heute und in Zukunft wirklich gerecht werden zu können, sind heute grundlegend neue pastoral-dogmatische Verhaltensweisen vonnöten.

18.2 Die Kirche der nachindustriellen Epoche braucht grundlegend neue pastoral-dogmatische Handlungs- und Verhaltensweisen

Angesichts der radikal veränderten Situation, der sich die Kirche in der nachindustriellen Zeit gegenübersieht, steht sie vor der Notwendigkeit, im Verhältnis zu ihren nicht-ordinierten Gliedern grundlegend neue pastorale Handlungs- und Verhaltensweisen zu entwickeln. Dies vor allem dann, wenn diese Mitglieder bei der Evangelisierung der postmodernen und von vielen bereits nachchristlich genannten Epoche die Rolle von Protagonisten übernehmen sollen. Die Brasilianische Bischofskonferenz hat diesbezüglich bereits im Jahre 1996 sehr klar Forderungen aufgestellt. Deren Grundtendenz kann ohne Abstriche auch auf europäische Verhältnisse übertragen werden:

«Der Protagonismus [der Laien] erfordert vonseiten der Hierarchie grundlegende Änderungen in Führungsstil und Ausübung der Autorität.»[91]

In den Studien zur «Situation der Laien in Kirche und Welt»[92], formuliert dieselbe Bischofskonferenz Richtlinien für strukturelle Veränderungen in der Kirche und Schwerpunkte der theologischen Reflexion und Tätigkeit. Sie sieht in ihnen die Voraussetzung dafür, den urbanen Menschen des 21. Jahrhunderts für die Aufgabe einer Neu-Evangelisation der Gesellschaft zu gewinnen.

«Die neuen Laienbewegungen [...] im Innern der Kirche [...] verpflichten diese dazu, die Art und Weise zu überarbeiten, wie sie sich in der Vergangenheit strukturierte. Sie muss ihre ekklesialen Strukturen von den klerikalen und unterdrückerischen Elementen reinigen, die mit dem Willen Christi im Widerspruch stehen.»[93]

«In Bezug auf das Wirken der Laien inmitten einer Gesellschaft, die zutiefst geprägt ist von Konflikten und der Notwendigkeit radikaler Veränderungen, ist es die Aufgabe der Theologie [...] jenen, die sich engagieren, eine durchdachte Glaubenskonzeption darzubieten. Sie hat weiterhin die Aufgabe, den immer noch schlafenden Christinnen und Christen die Dringlichkeit eines neuen Engagements aufzuzeigen.»[94]

---

91 Übersetzt aus: Documentos da CNBB (Dokumente der Brasilianischen Bischofskonferenz), Nr. 56, São Paulo 1996, 34.
92 *CNBB*, Estudos No. 47, São Paulo 1996.
93 A. a. O., 52.
94 Ebd.

18.3 Gefordert ist die existenzielle Konversion all jener, die Machtpositionen in der Kirche innehaben

Der oben formulierte Anspruch ist keineswegs neu. Er wurde seinerzeit bereits von Jesus gegenüber den Machtinhabern des damaligen Tempelsystems formuliert. Später waren es Heilige wie Franz von Assisi, die ihn den kirchlichen Autoritäten als Lebenspraxis vorlebten. Seitdem sind Tausende von Frauen und Männern ihrem Beispiel gefolgt; mit zweifelhaftem Erfolg, wenigstens was die Veränderung von Machtstrukturen in der Kirche betrifft. In der Folge formte sich bei unzähligen Christinnen und Christen die Meinung, dass diese Machtstrukturen in der Kirche wohl nie geändert werden würden.

Doch sie täuschen sich, denn diese Kirche *ist* fähig, sich zu reformieren. Sie hat es in der Vergangenheit bewiesen, und sie zeigt es auch heute. Es genügt der einfache Vergleich ihrer Strukturen am Beginn des 20. Jahrhunderts mit jenen am Anfang des 21. Es genügt ein Blick auf ihre unzähligen Vertreterinnen und Vertreter, die in allen Ebenen der Hierarchie auf Macht und Privilegien verzichteten und im wahrsten Sinn des Wortes zu Dienern und Dienerinnen des Volkes wurden. Es genügt, die vielen Kardinäle, Bischöfe und Priester zu sehen, die sich mit allen Kräften einsetzen für die Verteidigung der Verfolgten, der Ausgeschlossenen, der von politischen oder wirtschaftlichen Systemen Unterdrückten. Sie alle sind Zeichen einer anderen Art des Kirche-Seins: Zeichen von Veränderungen bis hinein in die Spitzen einer Struktur, von der viele sagen, dass sie wie keine andere noch die Mechanismen zentralistischer Macht verkörperte. Aber die Veränderungen in der Kirche haben schon begonnen, und sie werden auch in Zukunft weitergehen. Es kann nicht anders sein. Denn die Kirche ist geführt vom Geist Gottes. Dieser hat sich durch die ganze Geschichte hindurch als ein Geist erwiesen, der verändert.

In den Achtziger- und Neunzigerjahren des 20. Jahrhunderts glaubte man noch, dass die grossen Reformen in der Kirche allein durch den Druck von unten, von der kirchlichen Basis her zu erreichen wären. Die Erfahrung hat aber gezeigt, dass der Druck von unten allein nicht genügt, um hierarchische Machtstrukturen zu verändern, die sich innerhalb der Kirche über Jahrhunderte aufgebaut haben. In der Zwischenzeit haben wir gelernt, dass neben dem Druck der kirchlichen Basis noch ein weiteres Element vonnöten ist. Es braucht die Konversion jener, die im kirchlichen System das Recht haben, zu befehlen, zu verbieten oder neu zu ordnen; kurz, es ist nötig, dass unsere Bischöfe und Kardinäle sich bekehren und ebenso die Ordensoberen und alle jene, die irgendwo teilhaben an den Machtstrukturen innerhalb der Kirche.

Ihnen allen muss mit der Beharrlichkeit der Propheten immer wieder in Erinnerung gerufen werden, dass jede Macht sich dem klaren und undiskutierbaren Wort dessen zu stellen hat, den die Kirche als ihre oberste Autorität bekennt: Jesus Christus. Dessen Worte aber lassen in ihrer Klarheit nichts zu wünschen übrig:

«Da rief Jesus sie zu sich und sagte: Ihr wisst, dass die, die als Herrscher gelten, ihre Völker unterdrücken und die Mächtigen ihre Macht über die Menschen missbrauchen. Bei euch aber soll es nicht so sein, sondern wer bei euch gross sein will, der soll euer Diener sein, und wer bei euch der Erste sein will, soll der Sklave aller sein.» (Mk 10, 42–44; vgl. auch Mk 9,34–35; Mt 23,11)

«Es entstand unter ihnen ein Streit darüber, wer von ihnen wohl der Grösste sei. Da sagte Jesus: Die Könige herrschen über ihre Völker, und die Mächtigen lassen sich Wohltäter nennen. Bei euch aber soll es nicht so sein, sondern der Grösste unter euch soll werden wie der Kleinste, und der Führende soll werden wie der Dienende.» (Lk 22,24–26; vgl. auch: Mt 18,1–3; Mk 9,33–35; Mt 20,24–28; Mk 10,41–45; Joh 13,4f.12–17)

Falls es in unserer Kirche aus irgendeinem Grund noch so ist «wie bei den Herrschern und den Mächtigen», dann sind dies Situationen, Strukturen oder Verhaltensweisen, die in klarem Widerspruch zum Willen Jesu Christi stehen. Seine Option ist jene des Dienens, nicht jene der Macht und des Befehlens.

Wer aber dient, der erlässt keine Verfügungen, denen nicht widersprochen werden darf.

Wer dient, der fragt danach, was die anderen brauchen.

Wer wirklich dient, behauptet nicht, die Macht nur deshalb zu behalten, um besser dienen zu können. Eine solche Formel erweist sich bei genauer Analyse als das, was sie ist: ein Vorwand zur Legitimation der Macht.

Die «Nouveaux Philosophes» der französischen Philosophiegeschichte haben bereits in den Achtzigerjahren des 20. Jahrhunderts sehr deutlich aufgezeigt, dass die Macht nie aus sich heraus eine dienende ist – die Macht befiehlt! In allen Machtstrukturen zeigen sich mehr oder weniger offen die gleichen Mechanismen, so wie sie von den genannten Denkern beschrieben wurden:

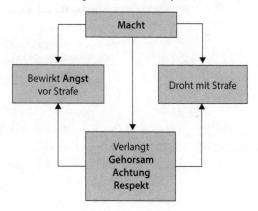

Macht verlangt Respekt, Achtung, Gehorsam ➤ Angst
• (vgl. Nouveaux Philosophes!)

Nicht wenige Christinnen und Christen stellen die oben skizzierten Mechanismen auch in der Kirche fest. Andere entdecken sie im Verhalten von einzelnen Amtsträgern, die Animatoren und Integrationsfiguren sein sollten, sich jedoch als Machtinhaber und Herren manifestieren. Dies entspricht nicht dem Willen und Vorbild Jesu Christi. In diesen Fällen haben Christinnen und Christen die Aufgabe, Umkehr und Veränderung zu fordern. Und jene, die in der Kirche selbst noch als Machtinhaber bezeichnet werden können, müssen damit beginnen, selbst jene Strukturen zu eliminieren, die dazu beitragen, dass Machtmechanismen weiterhin beibehalten werden.

Was im Namen des Mensch gewordenen Gottes gefordert werden muss, sind wirkliche strukturelle Veränderungen, die auch die Kirche immer mehr jener Art von Kirche annähern, von der man annehmen darf, dass Jesus Christus sie sich eigentlich vorgestellt habe. Wenn die Kirche wieder überzeugen soll, ist eine derartige «Umkehr» heute notwendiger denn je.

Der prophetische Bischof Dom Helder Câmara hat bereits 1972 die Prinzipien einer wirklichen Teilnahme aller in der Kirche formuliert. Dazu fordert er von denen, die in der Kirche Macht und Autorität innehaben, Sie müssten lernen,

«dass es heute keinen Ort mehr gibt für absolute Autorität, sondern nur noch Autorität, die gelernt hat, sich in einen Dialog einzubinden»[95].

Der gleiche Gedanke wird in seiner Konsequenz durch Karl Schlemmer, emeritierter Professor für Pastoraltheologie, wie folgt auf den Punkt gebracht:

---

95 Vgl. *Dom Helder Câmara*, Abrahamitische Minderheiten und die Strukturen der Kirche. Vortrag in Münster, gehalten am 22. Juni 1972. Publiziert in: *Dom Helder Câmara*, Hunger und Durst nach Gerechtigkeit, Graz/Wien/Köln 1973, 34.

«Demut in der heutigen Kirche [...] müsste heissen, um der Menschen willen eigene liebgewordene Traditionen und Praktiken aufzugeben, wo sie für die Verkündigung eher hinderlich als hilfreich sind. Das hiesse aber auch, dass die Kirche von dem in der Postmoderne überheblich wirkenden Autoritäts- und Wahrheitsverständnis abrückt.»[96]

Was hier formuliert wird, hat Bedeutung für die Gesamtheit der Kirche. Alle ihre Mitglieder auf allen Ebenen sind aufgerufen, eine Veränderung der Mentalität, eine eigentliche Konversion in die Wege zu leiten. Es genügt nicht mehr, nur einige äussere Gewohnheiten und Zeremonien zu verändern. Veränderungen äusserlicher Verhaltensweisen beinhalten noch keine Konversion und damit kein Abrücken von traditionellen Strukturen. Die Tatsache etwa, dass der Papst nicht mehr auf einer Sänfte durch die Menge getragen wird, sondern sich zu Fuss und auf Augenhöhe mit den Menschen zum Petersdom begibt, ist ein interessantes Hoffnungszeichen, aber das allein genügt nicht. Dem Zeichen müssen Veränderungen der Machtstrukturen folgen. Solange dies nicht geschieht, wird die eigentliche zentrale Problematik nicht gelöst. Die alten Strukturen eines geistlichen Autoritarismus werden sich in neuer Form wieder manifestieren, weil sie ja nie wirklich eliminiert wurden.

Gerade in Bezug auf dieses Phänomen ist es lohnend, sich immer wieder an das zu erinnern, was die Philosophie des Strukturalismus bewusst zu machen versuchte: Die Strukturen an sich sind unbewusst! Die wirklichen Strukturen wirken nicht auf der Ebene der Phänomene, sondern in weit tiefer liegenden, unbewussten und systemischen Dimensionen. Genau darum sind sie enorm schwer festzustellen und zu verändern.

Nicht selten werden dann Phänomene verändert in dem Glauben, es handele sich um Strukturen. Das Resultat ist bekannt aus

---

96 *Karl Schlemmer*, Suprema lex salus animarum, in: Schweizerische Kirchenzeitung 180 (2012) Nr. 13, 238.

so vielen kirchlichen Beispielen nach dem Zweiten Vatikanischen Konzil. Was sich in Wirklichkeit vollzog, war eine Umbenennung der alten Machtmechanismen. Tatsächlich aber blieb vieles beim Alten, und einige Jahrzehnte später ist manches in der Tat wieder so, wie es immer schon war. Der alte Wein von früher, eingefüllt in die bekannten alten Schläuche. Was in Wirklichkeit geschah, war dies: Jene alten Schläuche wurden mit neuer Farbe bemalt. Dies entspricht jedoch keineswegs der Vorstellung dessen, auf den die Kirche sich beruft. Sein Projekt erfordert eine Veränderung von Grund auf, ein neues Herz der Menschen und ein neues Herz auch der Institutionen.

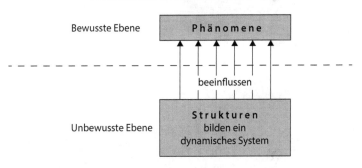

Strukturelle Veränderung bedeutet Konversion, die die Ebene der Phänomene übersteigt

Bewusste Ebene — Phänomene — beeinflussen

Unbewusste Ebene — Strukturen bilden ein dynamisches System

Die Durchführung wirklicher Veränderungen der Strukturen ist darum weit schwieriger als jene der reinen Phänomene. Aber unsere Kirche ist fähig dazu! Ja, sie hat bereits damit begonnen, und Papst Franziskus setzt Zeichen, die zur Hoffnung Anlass geben. Was mit ihm zu beginnen scheint, muss sich aber fortpflanzen auf allen Ebenen kirchlicher Hierarchie: Die Strukturen der Kirche sollen nicht eine Kopie der Machtstrukturen dieser Welt sein!

Genau darin aber besteht die grosse Versuchung der Kirche, seit sie sich im 4. Jahrhundert n. Chr. mit den Machtstrukturen des byzantinisch römischen Reiches liierte. Ungeachtet dieser Tatsache und aller Überbleibsel eines von Byzantinismus und Renaissance beeinflussten Machtdenkens ist die Kirche dabei, sich wieder auf ihre Ursprünge zu besinnen:

Jesus beruft alle, die ihm nachfolgen wollen, dazu, Diener zu sein im Dienst an den Menschen und an der Welt. Diese Menschen aber sollen nicht Funktionäre einer Institution sein, sondern sich erweisen:

- als Hirten statt als Polizisten,
- als Helfer statt als Inquisitoren,
- als Schwestern und Brüder,
- als Ratgeber und Freunde,
- als Botschafter der Liebe und der Hoffnung,
- als Propheten und Visionäre.

Damit die Kirche solchen Erwartungen entsprechen kann, bedarf es:

- einer fundamentalen Änderung der Machtstrukturen,
- einer fundamentalen Änderung der Mentalitäten.

Solche Veränderungen können sich nur vollziehen, wenn jene, die jetzt die Macht in der Kirche innehaben, den Schritt zu einer Kirche wagen, die sich primär nicht als Institution versteht, sondern als Gemeinschaft des Volkes Gottes, das sich in Communio und Teilnahme aller auf dem Weg befindet, hin zu neuen, oft noch unbekannten Horizonten. Die Grundlagen für einen solchen Prozess sind vorhanden. Sie wurden bereits im Zweiten Vatikanischen Konzil formuliert.

Kirche = die Gesamtheit des Volkes Gottes
Kirche = Communio und Teilnahme aller jener,
die zu diesem Volk Gottes gehören (vgl. Lumen Gentium)

Die einzelnen Elemente dieser Gesamtheit haben unterschiedliche Funktionen.	aber:	Die einzelnen Funktionen innerhalb dieser Gesamtheit haben den gleichen Wert.

Die grosse Herausforderung bei der praktischen Verwirklichung:
Ersetzen einer institutionsbezogenen Mentalität
durch eine Mentalität der «Communio».

Kirche als hierarchische Institution	Kirche als Communio und Teilnahme
Ordinierte Amtsinhaber bilden die Elite und haben die Entscheidungsgewalt	Communio und Teilnahme aller an den Diensten und den Entscheidungsprozessen
Einige haben das Monopol über bestimmte, amtlich definierte Funktionen	Funktionen werden ausgeübt je nach den Notwendigkeiten der Gemeinde und den Charismen des Einzelnen
Ein gesonderter Stand von speziell geweihten (ordinierten) Amtsträgern	Alle sind je nach ihrem speziellen Charisma zum Dienst an der Gemeinde berufen
Zu den Amtsträgern zu gehören, gibt Prestige und Macht über die Nicht-Ordinierten	Fundamentale Gleichheit aller
Gefahr eines juristisch-administrativen Funktionalismus	Beziehungen der Geschwisterlichkeit statt Subordinations-Mechanismen

4. Teil
Hindernisse persönlicher und struktureller Art, die eine volle Integration aller Gläubigen behindern

19 Die unterschwellige Abgrenzung in Klassen innerhalb der Kirche widerspricht dem eigentlichen Projekt Jesu Christi

Basierend auf den Überlegungen der vorangegangenen Kapitel ist daran zu erinnern, dass das grosse Projekt Jesu Christi jenes einer Gemeinschaft von Brüdern und Schwestern war. Das Zweite Vatikanische Konzil drückte diesen Gedanken aus im Bild einer Kirche der Communio und Teilnahme aller. Eine solche Art des Kirche-Seins aber kann nicht verwirklicht werden ohne die drastische Veränderung bestimmter bestehender Strukturen.

Diese durchzuführen ist ein grosses Problem und vermutlich auch der letzte Grund für die Tatsache, dass der grosse Aufbruch des Konzils heute vielerorts Gefahr läuft, sich in Diskussionen über Fragen von Macht und Zuständigkeit, von Orthodoxie und Gehorsam zu verlieren. Statt eines Aufbruchs hin zu neuen Horizonten lautet das grosse Thema heute oft: Die Rückkehr zur grossen Disziplin. Die Reformen erschöpfen sich in peripheren Fragen, und währenddessen läuft die junge Generation davon: Wieder einmal schweigende Emigration!

Gegen alle diese Tendenzen muss immer von Neuem betont werden, dass die Kirche fähig ist, sich zu verändern. Solche Veränderung aber geht weit über das hinaus, was hier als *Protagonismus der Laien* beschrieben wurde. Denn auch ein Protagonismus der Laien beinhaltet weiterhin die Gefahr von Machtrelationen und Klassenbildung, in denen einige befehlen und andere zu gehorchen haben. Das grosse Erneuerungsprojekt des Konzils aber greift tiefer.

Statt stehenzubleiben bei einem kirchlichen Protagonismus der Laien oder etwa einem noch darüber hinausgehenden Protagonismus der Frauen, brauchen wir den Mut zu einem weiteren Schritt, zu einem Schritt nämlich, der letztlich alle Protagonismen in eine geschwisterliche Gemeinschaft von Dienenden verändert. Und falls in dieser Gemeinschaft weiterhin von Protagonismus die Rede sein muss, dann ist es der Protagonismus der Getauften, der Protagonismus der Christinnen und Christen und letztlich der Protagonismus der Nachfolgerinnen und Nachfolger Jesu Christi. Durch dessen Programm beseelt, würden sie alle ihre Handlungen koordinieren und miteinander vernetzen, und dies in einem Geist der Communio und Teilnahme aller, so wie es Paulus in seinem Bild vom menschlichen Körper beschreibt (vgl. 1 Kor 12).

In einer derart strukturierten Kirche wird niemand grössere Rechte verlangen, und keines ihrer Mitglieder wird mehr Macht oder mehr Prestige besitzen als andere. Stattdessen handelt jedes Mitglied auf der Basis seiner Charismen und unterwirft diese Charismen dem grossen Projekt der Veränderung dieser Welt gemäss den Parametern des Reiches Gottes, nämlich: Gerechtigkeit, Geschwisterlichkeit, Liebe, Wahrheit und Frieden. Dies ist das einzige Modell, das wirklich den Plänen Jesu Christi zu entsprechen vermag.

> Die neue Art des Kirche-Seins geht über den Protagonismus der Laien hinaus! In einer Gemeinschaft, die sich als Volk Gottes und mystischer Leib Christi versteht, ist jede Unterscheidung in Gruppen oder Klassen von Natur aus unmöglich.
>
> In einer Kirche der Communio und Teilnahme aller verschwindet jede trennende Grenze.
>
> In einer Kirche, die sich als Gemeinschaft aller Getauften versteht, gelten die Kriterien des Dienens, und nicht jene der Macht.

Es versteht sich von selbst, dass auch ein solches Kirchenverständnis nicht zu Chaos und Unordnung führen darf, ganz im Gegenteil. In gleicher Weise wie auch innerhalb eines Körpers jedes Organ seine klar definierte Aufgabe hat, gibt es auch in einer geschwisterlichen Kirche spezielle Funktionen und spezifische Aufgaben für jeden. Was es aber nicht geben kann, sind Privilegien und Machtpositionen. Ebenso undenkbar ist die Herrschaft einiger weniger über die andern. Nicht tolerierbar sind Mechanismen der Dominierung und Strukturen der Unterordnung, die Abgrenzung und Angst bewirken.

Stattdessen braucht es gemeinschaftliche Projekte all jener, die sich als Diener und Werkzeuge Gottes verstehen. Auf dieser Basis handeln sie gemeinsam mit ihren Brüdern und Schwestern gemäss ihren je eigenen Charismen. Sie stellen diese Charismen in den Dienst des Ganzen, ohne je zu vergessen, dass selbst das Charisma, um wirklich im Namen Gottes wirksam zu sein, immer auch eines durch das adäquate Kirchen-Modell gegebenen Rahmens bedarf. Über allem aber gilt die Maxime des Ersten Petrusbriefes:

«Dient einander als gute Verwalter der vielfältigen Gnade Gottes, jeder mit der Gabe, die er empfangen hat.» (1 Petr 4,10)

In einer solchen Kirche wird der «Diener der Diener Christi» wirklich die Füsse seiner Brüder und Schwestern waschen, und es wird unter uns nicht die gleichen Mechanismen geben, die wir an den Höfen der Könige und Herrscher finden, so wie es Jesus in Lk 22,24–27 beschrieb. In einer solchen Kirche wird der Vorwand, man müsse Macht erwerben, um dienen zu können, ersetzt werden durch jene Haltung, die wirklich die Voraussetzungen des Dienens ist: die Liebe.

Liebe – nicht Macht –, um zu dienen, ist die Devise.

In einer liebenden Kirche wird man auch wieder die grosse und skandalöse Herausforderung entdecken, die sich in einer der schockierendsten Offenbarungen Gottes verbirgt, so wie sie im Johannesevangelium übermittelt wird: der Fusswaschung. Der Mensch gewordene Gott wäscht die Füsse seiner Anhänger. Wenn dieser Mensch gewordene Gott so handelt, wie könnte dann irgendeiner seiner Anhänger anderes tun, welche Stellung er auch innehaben mag? Die Fusswaschung wird damit zum grossen Modell und zur Herausforderung an alle jene, die sich als Nachfolger und Nachfolgerinnen Jesu bezeichnen.

Basierend auf dem beunruhigenden Beispiel jener Fusswaschung lässt sich mit Bezug auf Jesus, den Christus, dann auch die folgende Gegenüberstellung formulieren:

Auch in einer Kirche der Communio und Teilnahme aller braucht es selbstverständlich spezielle Funktionen oder Charismen, wie zum Beispiel:

- Lehramt
- Vorsteher/-innen der Liturgie
- Koordinatoren/ Koordinatorinnen der Pastoral
- Animatoren/ Animatorinnen
- Theologinnen und Theologen

◄— aber —►

In einer Kirche, die dem Vorbild der Fusswaschung folgt, ist es unmöglich, dass irgendjemand oder irgendeine Gruppe für sich einen privilegierten Status fordern kann, der es erlauben würde, nach den Parametern von Macht, Prestige oder Privilegien zu handeln.

Die Grundlagen für die vom Konzil formulierte neue Art des Kirche-Seins finden sich exemplarisch in den Schriften des Paulus und im Ersten Petrusbrief.

Gal 3,26–28: «Ihr seid alle durch den Glauben Söhne Gottes in Christus Jesus [vgl. Röm 8,17; 1 Kor 12,13]. Denn ihr alle, die ihr auf Christus getauft seid, habt Christus [als Gewand] angelegt [vgl. Röm 13,14]. Es gibt nicht mehr Juden und Griechen, nicht Sklaven und Freie, nicht Mann und Frau; denn ihr alle seid ‹einer› in Christus Jesus [vgl. Röm 10,12; 1 Kor 12,13; Kol 3,11].»

Gal 4,6–7: «Weil ihr aber Söhne seid, sandte Gott den Geist seines Sohnes in unser Herz, den Geist, der ruft: Abba, Vater [vgl. 3,26; Röm 8,15]. Daher bist du nicht mehr Sklave, sondern Sohn; bist du aber Sohn, dann auch Erbe, Erbe durch Gott [vgl. 3,29; Röm 8,16 f.].»

Röm 8,15–17: «Denn ihr habt nicht einen Geist empfangen, der euch zu Sklaven macht, so dass ihr euch immer noch fürchten müsstet, sondern ihr habt den Geist empfangen, der euch zu Söhnen macht, den Geist, in dem wir rufen: Abba, Vater! So bezeugt der Geist selber unserem Geist, dass wir Kinder Gottes sind. Sind wir aber Kinder, dann auch Erben; wir sind Erben Gottes und sind Miterben Christi, wenn wir mit ihm leiden, um mit ihm auch verherrlicht zu werden (vgl. Gal 4,7; 2 Tim 2,11 f.; 1 Petr 4,13; Offb 21,7).»

1 Petr 2,9–10: «Ihr aber seid ein auserwähltes Geschlecht, eine königliche Priesterschaft, ein heiliger Stamm, ein Volk, das sein besonderes Eigentum wurde, damit ihr die grossen Taten dessen verkündet, der euch aus der Finsternis in sein wunderbares Licht gerufen hat [vgl. Ex 19,5 f. G; 23,22 G; Jes 43,20 f.].»

Trotz den eindeutigen neutestamentlichen Aussagen und vielen anderen Texten lässt sich bei vielen Katholikinnen und Katholiken auch heute noch eine völlig andere Grundhaltung feststellen. Als Resultat einer jahrhundertelangen Geschichte der Unterordnung ist bei ihnen das Modell einer in Klassen gegliederten Kirche derart ausgeprägt, dass sie sich eine andere kirchliche Gemeinschaft gar nicht vorstellen können. Je nach Veranlagung reagieren sie darauf mit Angst, mit Ablehnung oder auch mit Hohn und Unglauben; was sie aber kaum je in Betracht ziehen, ist die Tatsache ihrer eigenen Würde als «auserwähltes Geschlecht» und Werkzeug in Gottes Hand; ausgezeichnet als «königliche Priesterschaft» und Volk, «das sein besonderes Eigentum wurde», um die Taten Gottes zu verkünden (vgl. 1 Petr 2,9).

20 Viele Katholikinnen und Katholiken können sich eine andere Art des Kirche-Seins nicht mehr vorstellen

Eine nicht unbeträchtliche Zahl an Gläubigen hat das traditionelle Machtsystem in der Kirche derart assimiliert, dass sie sich eine andere Kirchenstruktur schon gar nicht mehr vorstellen können. Dies trifft sowohl für Laien zu als auch für Kleriker. In der Folge protestieren sie angesichts einer möglichen Änderung mit lauter Stimme und verlangen die Beibehaltung des Bestehenden. Und weil sie sich so laut manifestieren, wird oft vergessen, dass es sich im Verhältnis zur schweigenden Mehrheit dennoch um eine Minderheit handelt. Auch diese laute Minderheit zu einer eigentlichen Konversion ihres Bildes von Religion und Kirche zu führen, ist eine weitere, schwierige, aber äusserst dringliche Aufgabe.

Aufgrund einer jahrhundertelangen Geschichte haben die so genannten Laien in der Kirche gelernt:
- Die Ordinierten in der Kirche sind automatisch auch die von Gott erwählten Führer.
- Die durch diese Führer vorgetragene Interpretation des Glaubens wird nicht infrage gestellt.
- Innerkirchliche Entscheidungen werden nur durch diese Führer gefällt.

Die Ordinierten ihrerseits haben sich daran gewöhnt,
- dass die Ordination ihnen die Macht und das Recht gibt, als einzige über die Glaubenslehre zu entscheiden.

- dass das Volk sie ehrt und ihnen gehorcht.
- dass sie die letzte Entscheidungsgewalt und Verantwortung in den Pfarreien und Diözesen tragen.

Diese doppelseitige Gewöhnung ist ein ernsthaftes Hindernis für die volle Communio und Teilnahme aller Getauften am kirchlichen Leben.

Gegen den Druck einer tausendjährigen Tradition stehen wir heute vor der Aufgabe, im Namen Jesu Christi *alle Getauften* dazu aufzurufen, sich in der Kirche wieder mitverantwortlich zu fühlen. Solche Mitverantwortung bedeutet, mit Mut und Begeisterung dabei mitzuarbeiten, auch alte und überholte Kirchenstrukturen zu verändern.

Dabei haben alle in der Kirche sich daran zu erinnern, dass der von Jesus so oft gebrauchte Aufruf zur Konversion sich keineswegs nur an die Individuen und ihr moralisches Verhalten richtet. Er zielt in gleicher Weise und mit gleicher Dringlichkeit auch auf die religiösen oder profanen Institutionen und alle ihre Strukturen, die in irgendeiner Weise nicht dem Willen Gottes entsprechen:

- Bekehret euch!
- Verändert eure Mentalität!
- Verändert eure Weltsicht!
- Verändert, wenn nötig, die Strukturen, und nicht nur deren äussere Erscheinungsform!

Giesst den neuen Wein in neue Schläuche (vgl. Mk 2,22)! Bemalt nicht die alten Schläuche mit neuer Farbe, und belasst in ihnen jenen alten Wein, der bereits zu Essig geworden ist!

Die Versuchung, so zu handeln, ist gross. Daher sollen im Folgenden einige Beispiele aufgezeigt werden, die sich keineswegs als Anklage, sondern als Impuls zur weiteren Reflexion verstehen:

- Es besteht die Gefahr, einfach den Klerusbegriff zu erweitern, indem unterschiedliche Stufen der Ordination eingeführt werden, von denen einige auch für die so genannten Laien und vielleicht sogar für «Laiinnen» zugänglich sind.

- Es besteht die Gefahr, eine Kategorie des Klerus weiter auszubauen und demzufolge für die Laien das Diakonat als richtige und einzig adäquate Möglichkeit anzubieten.

- Es besteht die Gefahr, in den so genannten Laien eine Manövriermasse zu sehen, die im Notfall als Ersatz für fehlende Priester eingesetzt werden kann.

- Es besteht die Gefahr, in jenen Laien eine preisgünstige Freiwilligengruppe zu sehen, die kostenlos zur Verfügung steht, während die gesamten Finanzen in Ausbildung und Unterhalt des Klerus investiert werden.

Solche und ähnliche Gefahren bestehen. Die Kirche aber ist fähig, auch diese zu überwinden und die gegenwärtige Krise stattdessen als Impuls für einen neuen Aufbruch zu verstehen. Damit ein solcher Aufbruch aber gelingt, braucht es den Willen zur Umkehr. Einer Umkehr jener, die jetzt in der Kirche die Macht besitzen und die Entscheidungsgewalt. Sie haben es in der Hand, wirkliche, tiefe und strukturelle Veränderungen anzustossen. Veränderungen all jener Strukturen nämlich, die auf die eine oder andere Weise nicht dem Ideal dessen entsprechen, was wir die Kirche Jesu Christi nennen könnten. In diesem Sinn ist nach wie vor der Aufruf Jesu gültig, den er bereits an die religiösen Strukturen seiner eigenen Zeit gerichtet hat: Bekehret euch!

Durch den Prozess einer beständiger Konversion («*ecclesia semper reformanda*») werden die kirchlichen Strukturen und wird die Kirche als Ganzes auch für die heutige Zeit und für die Zukunft wieder zu dem werden, das sie eigentlich sein sollen:

- Salz der Erde
- Licht auf dem Berg
- Ferment, das alle Dinge erneuert
- verändernde Kraft, die all das verwandelt, was nicht dem Willen Gottes entspricht.

Angesichts dieser Aufgabe ist an die beglückende Wahrheit zu erinnern, dass unsere Kirche verstanden werden muss als eine Kirche, die sich wandernd und suchend auf dem Weg befindet. Vieles wurde bereits erreicht, vieles wurde verwirklicht. Die alte Mentalität des Klerikalismus hat man vielerorts überwunden. Aber sie ist immer noch vorhanden, und es besteht die Gefahr, dass sie unter dem Anspruch eines Neokonservatismus neuerdings erblüht. Solcher Neokonservatismus nennt sich dann Erneuerung der Kirche, in Wirklichkeit aber ist er nichts weiter als der bereits genannte Versuch, die alten Schläuche mit neuer Farbe zu bemalen.

Die Grundhaltung eines «Machtdenkens» in der Kirche wurde in vielen Fällen bereits ersetzt durch einen Geist des «Dienens». Doch das Machtdenken versucht sich erneut zu etablieren, diesmal unter dem Namen eines Neozentralismus, der sich selbst als Rückkehr zur grossen Disziplin versteht.

Gegen alle diese Rückschritte aber müssen wir mit der Eindringlichkeit des Propheten reagieren. Als Menschen, die ihre Kirche lieben, müssen wir unsere Stimme erheben mit der Energie von Söhnen und Töchtern, die ihre Mutter lieben und die gerade deshalb wollen, dass diese Mutter glänzend sei und strahlend und bewundernswert. Dies nämlich ist unsere Kirche, und dies kann sie sein. Durch die Anstrengung aller ihrer Mitglieder nämlich ist sie fähig, sich immer wieder zu erneuern.

21 Statt die alten Strukturen mit neuen Namen zu belegen, braucht es den Mut, sie zu verändern

Im Rahmen der hier vorgetragenen Perspektiven einer strukturellen Erneuerung der Kirche wären als erste Schritte die folgenden Veränderungen nötig:

- Anerkennung der verschiedenen Charismen, ohne daraus Machtmechanismen und Privilegien abzuleiten;

- Anerkennung der Mitverantwortung und Gleichheit aller Mitglieder der Gemeinschaft;
- Betonung der zentralen Bedeutung einer dienenden Kirche ohne Unterordnungsmechanismen und ohne Machtstrukturen.

Als Modell einer solchen Kirche bietet sich die prophetische und vom Geist Gottes inspirierte Vision einer Gemeinschaft an, so wie sie Paulus in seinen Briefen zeichnet:

1 Kor 12,4–28: «Es gibt verschiedene Gnadengaben, aber nur den einen Geist. Es gibt verschiedene Dienste, aber nur den einen Herrn. Es gibt verschiedene Kräfte, die wirken, aber nur den einen Gott: Er bewirkt alles in allen. Jedem aber wird die Offenbarung des Geistes geschenkt, damit sie anderen nützt. Dem einen wird vom Geist die Gabe geschenkt, Weisheit mitzuteilen, dem andern durch den gleichen Geist die Gabe, Erkenntnis zu vermitteln, dem dritten im gleichen Geist Glaubenskraft, einem andern – immer in dem einen Geist – die Gabe, Krankheiten zu heilen, einem andern Wunderkräfte, einem andern prophetisches Reden, einem andern die Fähigkeit, die Geister zu unterscheiden, wieder einem andern verschiedene Arten von Zungenrede, einem andern schliesslich die Gabe, sie zu deuten. Das alles bewirkt ein und derselbe Geist; einem jeden teilt er seine besondere Gabe zu, wie er will. Denn wie der Leib eine Einheit ist, doch viele Glieder hat, alle Glieder des Leibes aber, obgleich es viele sind, einen einzigen Leib bilden: So ist es auch mit Christus. Durch den einen Geist wurden wir in der Taufe alle in einen einzigen Leib aufgenommen, Juden und Griechen, Sklaven und Freie; und alle wurden wir mit dem einen Geist getränkt. Auch der Leib besteht nicht nur aus einem Glied, sondern aus vielen Gliedern. Wenn der Fuss sagt: Ich bin keine Hand, ich gehöre nicht zum Leib!, gehört er doch zum Leib. Und wenn das Ohr sagt: Ich bin kein Auge, ich gehöre nicht zum Leib!, so gehört es doch zum Leib. Wenn der ganze Leib nur Auge wäre, wo bliebe dann das

Gehör? Wenn er nur Gehör wäre, wo bliebe dann der Geruchssinn? Nun aber hat Gott jedes einzelne Glied so in den Leib eingefügt, wie es seiner Absicht entsprach. Wären alle zusammen nur ein Glied, wo bliebe dann der Leib? So aber gibt es viele Glieder und doch nur einen Leib. Das Auge kann nicht zur Hand sagen: Ich bin nicht auf dich angewiesen. Der Kopf kann nicht zu den Füssen sagen: Ich brauche euch nicht. Im Gegenteil, gerade die schwächer scheinenden Glieder des Leibes sind unentbehrlich. Denen, die wir für weniger edel ansehen, erweisen wir umso mehr Ehre, und unseren weniger anständigen Gliedern begegnen wir mit mehr Anstand, während die anständigen das nicht nötig haben. Gott aber hat den Leib so zusammengefügt, dass er dem geringsten Glied mehr Ehre zukommen liess, damit im Leib kein Zwiespalt entstehe, sondern alle Glieder einträchtig füreinander sorgen.

Wenn darum ein Glied leidet, leiden alle Glieder mit; wenn ein Glied geehrt wird, freuen sich alle anderen mit ihm. Ihr aber seid der Leib Christi, und jeder Einzelne ist ein Glied an ihm. So hat Gott in der Kirche die einen als Apostel eingesetzt, die andern als Propheten, die dritten als Lehrer; ferner verlieh er die Kraft, Wunder zu tun, sodann die Gaben, Krankheiten zu heilen, zu helfen, zu leiten, endlich die verschiedenen Arten von Zungenrede.»

Gal 3,26–29: «Ihr seid alle durch den Glauben Söhne Gottes in Christus Jesus. Denn ihr alle, die ihr auf Christus getauft seid, habt Christus (als Gewand) angelegt. Es gibt nicht mehr Juden und Griechen, nicht Sklaven und Freie, nicht Mann und Frau; denn ihr alle seid «einer» in Christus Jesus.[97] Wenn ihr aber zu Christus gehört, dann seid ihr Abrahams Nachkommen, Erben kraft der Verheissung.»

---

97 Dass alle in Christus *einer* sind, heisst, dass alle Christen eine Einheit bilden und vor Gott gleich sind.

Kirche wird gelebt als Gemeinschaft aller, frei von Macht- und Ausgrenzungsmechanismen.

Es gibt keine Elite, die sich aufgrund einer speziellen Berufung für berufener halten könnte als alle anderen Getauften.

Was die Glieder der Gemeinschaft unterscheidet, sind ihre je verschiedenen Charismen. Niemand aber kann mit Berufung auf die Charismen mehr Rechte oder Macht einfordern.

Im Vordergrund steht das Dienen, und nicht das Herrschen.

Wenn das Zweite Vatikanische Konzil sich in *Lumen Gentium* zur Frage der Laien in der Kirche äussert, nimmt es ganz spezifischen Bezug auf die oben angeführten Paulus-Texte. Auch wenn in bestimmten Formulierungen noch Hemmungen sichtbar werden, die uneingeschränkte Gleichheit aller in der Kirche anzuerkennen, lässt sich doch sagen, dass der Schwerpunkt der diesbezüglichen Konzilsaussagen einen definitiven Bruch mit der traditionellen patriarchalischen Haltung vollzieht.

«31. Unter der Bezeichnung Laien sind hier alle Christgläubigen verstanden, mit Ausnahme der Glieder des Weihestandes und des in der Kirche anerkannten Ordensstandes, das heisst die Christgläubigen, die, durch die Taufe Christus einverleibt, zum Volk Gottes gemacht und des priesterlichen, prophetischen und königlichen Amtes Christi auf ihre Weise teilhaftig, zu ihrem Teil die Sendung des ganzen christlichen Volkes in der Kirche und in der Welt ausüben [...]

32. Die heilige Kirche ist kraft göttlicher Einrichtung in wunderbarer Mannigfaltigkeit geordnet und geleitet. ‹Wie wir nämlich an dem einen Leibe viele Glieder haben, die Glieder aber nicht alle den gleichen Dienst verrichten, so sind wir als viele ein einziger Leib in Christus, als einzelne aber untereinander Glieder› (Röm 12,4–5). Eines ist also das auserwählte

Volk Gottes: ‹Ein Herr, ein Glaube, eine Taufe› (Eph 4,5); gemeinsam die Würde der Glieder aus ihrer Wiedergeburt in Christus, gemeinsam die Gnade der Kindschaft, gemeinsam die Berufung zur Vollkommenheit, eines ist das Heil, eine die Hoffnung und ungeteilt die Liebe. Es ist also in Christus und in der Kirche keine Ungleichheit aufgrund von Rasse und Volkszugehörigkeit, sozialer Stellung oder Geschlecht; denn ‹es gilt nicht mehr Jude und Grieche, nicht Sklave und Freier, nicht Mann und Frau; denn alle seid ihr einer in Christus Jesus› (Gal 3,28 griech.; vgl. Kol 3,11).

33. Die im Volk Gottes versammelten und dem einen Leibe Christi unter dem einen Haupt eingefügten Laien sind, wer auch immer sie sein mögen, berufen, als lebendige Glieder alle ihre Kräfte, die sie durch das Geschenk des Schöpfers und die Gnade des Erlösers empfangen haben, zum Wachstum und zur ständigen Heiligung der Kirche beizutragen. Der Apostolat der Laien ist Teilnahme an der Heilssendung der Kirche selbst. Zu diesem Apostolat werden alle vom Herrn selbst durch Taufe und Firmung bestellt. [...] So ist jeder Laie kraft der ihm geschenkten Gaben zugleich Zeuge und lebendiges Werkzeug der Sendung der Kirche selbst ‹nach dem Mass der Gabe Christi› (Eph 4,7) [...] Es soll daher auch ihnen in jeder Hinsicht der Weg offenstehen, nach ihren Kräften und entsprechend den Zeitbedürfnissen am Heilswirken der Kirche in tätigem Eifer teilzunehmen.»

5. Teil
Das Ideal einer geschwisterlichen Kirche, die alle internen Klassengrenzen überwand

22 Die Kirche ist fähig, sich zu verändern, weil in ihr der Geist Gottes wirkt, der alles erneuert

Als ich das vorliegende Buch zu schreiben begann, rieten mir einige Freunde dringend von der Veröffentlichung ab. Oder, so sagten sie, «verzichte wenigstens auf diesen letzten Teil!»

«Solches zu schreiben ist gefährlich!»

«Die Kirche erlaubt solche Gedanken nicht, und sie akzeptiert sie auch nicht!»

So haben mich meine Freunde gewarnt. Ich aber kann nicht glauben, was sie mir sagten. Ich habe von meiner Kirche eine zu hohe Meinung, um Angst vor ihr zu haben. Sie ist für mich das, was das Wasser für den Fisch bedeutet. Und 30 Jahre Arbeit in ihr haben mich gelehrt, sie zu achten und zu lieben. In diesen Jahren habe ich ihre Vitalität kennen gelernt. Vitalität, die sie befähigt, sich immer wieder grundlegend zu verändern und zu reformieren. Vitalität, an deren Basis ich den Geist Gottes erkenne, der alle Dinge zu verändern vermag.

Darum bin ich überzeugt, dass diese Kirche fähig ist, sich auch heute zu verändern. Und sie ist auch fähig Vorschläge anzuhören, die infrage stellen. Sie ist nicht nur fähig sie zu hören, sondern auch sie umzusetzen und zu konkretisieren.

Diese Kirche, die ich liebe und für die ich mich begeistere, ist auch heute in der Lage, das grosse alternative Programm für eine Welt der Zukunft zu sein, wie sie es so oft in der Vergangenheit war.

Aus diesem Grund habe ich keine Angst, die vorliegende Analyse vorzutragen. Ich fürchte mich auch nicht, Vorschläge zu machen, die sich aus der Analyse ergeben. Wenn die Vorschläge gut sind, wird der Geist Gottes uns anfeuern, sie zu verwirklichen.

Falls sie nichts taugen sollten, wird er andere dazu inspirieren, bessere Vorschläge zu machen.

«Ein Gott, der immer neu zur Umkehr ruft, ruft auch die Kirche auf, sich zu verändern, umzukehren, sich nicht zu verschanzen hinter frommen Unverbindlichkeiten, diplomatisch ausgewogenen Erklärungen und legalistisch abgestützten Rettungsversuchen der eigenen Macht, sondern sich zu besinnen auf ihren Meister in Jesus Christus, der bekanntlich als sein oberstes Gebot das Dienen forderte und nicht das Herrschen».[98]

Dieser Gott wird seine Kirche dazu befähigen, auch in postmoderner, postindustrieller oder auch postchristlicher Zeit ihren Weg zu finden. Aus diesem Grund können, sollen und müssen wir jetzt damit beginnen zu planen, wie die Kirche der Zukunft sich darzustellen habe, damit sie ihren Auftrag zu erfüllen vermag.

Wir müssen neue Formen finden, durch die sie den ganzen Reichtum ihrer zweitausendjährigen Geschichte bewahren kann, ohne dass diese sich zu einer Last entwickelt. Stattdessen soll sie Inspiration sein und dynamischer Impuls für das Neue.

In dieser Zeit, die trotz den vielen negativen Signalen so voller Versprechen ist, ruft die Kirche in besonderer Weise auch die nicht-ordinierten Frauen und Männer dazu auf, Protagonisten einer neuen Evangelisation zu sein, einer Evangelisation nach aussen: hin zur Welt, aber auch einer prophetischen Evangelisation nach innen: auf die eigene Art ihres Kirche-Seins in einer Welt, die sich laufend verändert.

---

98 *Renold Blank*, Ein Gott, der alle Fesseln sprengt, Mainz 1995, 103.

23 Elf Grundprinzipien für eine Kirche wirklicher Communio und Teilnahme aller

Motiviert durch die Überzeugung, dass die folgenden Aussagen des Konzils (aus *Lumen Gentium*) nicht einfach leere Worte sind, leite ich elf Grundprinzipien für ein Kirche-Sein daraus ab, die das zu verwirklichen sucht, was die Texte formulieren.

«12. Das heilige Gottesvolk nimmt auch teil an dem prophetischen Amt Christi, in der Verbreitung seines lebendigen Zeugnisses vor allem durch ein Leben in Glauben und Liebe, in der Darbringung des Lobesopfers an Gott als Frucht der Lippen, die seinen Namen bekennen (vgl. Hebr 13,15). Die Gesamtheit der Gläubigen, welche die Salbung von dem Heiligen haben (vgl. 1 Joh 2,20.27), kann im Glauben nicht irren. Und diese ihre besondere Eigenschaft macht sie durch den übernatürlichen Glaubenssinn des ganzen Volkes dann kund, wenn sie ... ‹von den Bischöfen bis zu den letzten gläubigen Laien› (22) ihre allgemeine Übereinstimmung in Sachen des Glaubens und der Sitten äussert [...]

Derselbe Heilige Geist heiligt ausserdem nicht nur das Gottesvolk durch die Sakramente und die Dienstleistungen, er führt es nicht nur und bereichert es mit Tugenden, sondern ‹teilt den Einzelnen, wie er will› (1 Kor 12,11), seine Gaben aus und verteilt unter den Gläubigen jeglichen Standes auch besondere Gnaden. Durch diese macht er sie geeignet und bereit, für die Erneuerung und den vollen Aufbau der Kirche verschiedene Werke und Dienste zu übernehmen gemäss dem Wort: ‹Jedem wird der Erweis des Geistes zum Nutzen gegeben› (1 Kor 12,7) [...]»

«32. Die heilige Kirche ist kraft göttlicher Einrichtung in wunderbarer Mannigfaltigkeit geordnet und geleitet. ‹Wie wir nämlich an dem einen Leibe viele Glieder haben, die Glieder aber nicht alle den gleichen Dienst verrichten, so sind wir als

viele ein einziger Leib in Christus, als einzelne aber untereinander Glieder› (Röm 12,4–5).

Eines ist also das auserwählte Volk Gottes: ‹Ein Herr, ein
Glaube, eine Taufe› (Eph 4,5); gemeinsam die Würde der Glieder aus ihrer Wiedergeburt in Christus, gemeinsam die Gnade
der Kindschaft, gemeinsam die Berufung zur Vollkommenheit,
eines ist das Heil, eine die Hoffnung und ungeteilt die Liebe. Es
ist also in Christus und in der Kirche keine Ungleichheit aufgrund von Rasse und Volkszugehörigkeit, sozialer Stellung
oder Geschlecht; denn ‹es gilt nicht mehr Jude und Grieche,
nicht Sklave und Freier, nicht Mann und Frau; denn alle seid ihr
einer in Christus Jesus› (Gal 3,28 griech.; vgl. Kol 3,11) [...]

Die Hirten der Kirche sollen nach dem Beispiel des Herrn einander und den übrigen Gläubigen dienen, diese aber sollen voll
Eifer mit den Hirten und Lehrern eng zusammenarbeiten. So
geben alle in der Verschiedenheit Zeugnis von der wunderbaren
Einheit im Leibe Christi: denn gerade die Vielfalt der Gnadengaben, Dienstleistungen und Tätigkeiten vereint die Kinder Gottes,
weil ‹dies alles der eine und gleiche Geist wirkt› (1 Kor 12,11) [...]

33. Die im Volk Gottes versammelten und dem einen Leibe
Christi unter dem einen Haupt eingefügten Laien sind, wer
auch immer sie sein mögen, berufen, als lebendige Glieder alle
ihre Kräfte, die sie durch das Geschenk des Schöpfers und die
Gnade des Erlösers empfangen haben, zum Wachstum und zur
ständigen Heiligung der Kirche beizutragen [...]»

«35. Christus, der große Prophet, der durch das Zeugnis seines
Lebens und in Kraft seines Wortes die Herrschaft des Vaters
ausgerufen hat, erfüllt bis zur vollen Offenbarung der Herrlichkeit sein prophetisches Amt nicht nur durch die Hierarchie, die
in seinem Namen und in seiner Vollmacht lehrt, sondern auch
durch die Laien [...] so werden die Laien gültige Verkünder des

Glaubens an die zu erhoffenden Dinge (vgl. *Hebr* 11,1), wenn sie mit dem Leben aus dem Glauben ohne Zögern das Bekenntnis des Glaubens verbinden [...]»

«37. [...] Entsprechend dem Wissen, der Zuständigkeit und hervorragenden Stellung, die sie einnehmen, haben sie die Möglichkeit, bisweilen auch die Pflicht, ihre Meinung in dem, was das Wohl der Kirche angeht, zu erklären [...]»

23.1 Die je nach Charisma verschiedenen Dienstämter in der Kirche basieren auf der Gleichheit aller Christgläubigen

In einer Kirche der «Communio und Teilnahme aller» kann es keine Abstufungen mehr geben und keine Unterscheidung in «Niedere» oder «Höhere» gemäss der Kriterien von Macht, Hierarchie oder Autorität. Man vergleiche dazu das oben zitierte Prinzip aus *Lumen Gentium*, Nr. 32. Statt hierarchischer Bewertung verschiedener Ämter herrscht eine Grundhaltung des prophetischen und priesterlichen Dienens auf der Basis der je verschiedenen Charismen. Diese, nicht das Hierarchieschema, stehen im Zentrum des Amtsverständnisses.

In der Folge akzentuiert auch das Organigramm dieses Kirchenmodells nicht eine Autoritätspyramide nach Art eines Feudalsystems, so wie es durch Jahrhunderte monarchischen Systemdenkens tradiert wurde. – Monarchische Systeme werden in einer postmodernen Wissensgesellschaft nicht mehr akzeptiert.

Zudem lassen sie sich auch im Hinblick auf Leben und Beispiel Jesu Christi in keiner Weise aufrechterhalten. In dem Mass, wie das Modell jenes Mensch gewordenen Gottes in der Kirche wirklich wieder als zentrales Paradigma ernst genommen wird, ist es nicht nur möglich, sondern unabdingbar, alle geschichtlichen Reminiszenzen an hierarchische Machtstrukturen zu überwinden. Deswegen wird die Kirche keine Demokratie, denn dies ist sie nicht. Ebenso wenig aber ist sie eine Monarchie!

Dem Verständnis des Konzils zufolge erfüllt sich das Wesen von Kirche im Bild des wandernden Gottesvolkes, das sich geschwisterlich auf dem Weg durch die Zeit befindet. In dieser Geschwisterlichkeit beruht genau seine Attraktivität in einer von Wettbewerb und Machtstrukturen geprägten Welt.

Statt auch in Zukunft nach dem geschichtlichen Beispiel politischer Imperien an Strukturen festzuhalten, die in nichts den Absichten Jesu von Nazaret entsprechen, ist der Mut gefordert, in seinem Namen die notwendigen Reformen zu beginnen. Dies getreu dem Aufruf Jesu, mit dem er sich erfolglos immer wieder an die religiösen Strukturen seiner Zeit gewendet hat und der noch heute, mit hoffentlich mehr Erfolg, an die religiösen Systeme des 21. Jahrhunderts gerichtet bleibt: «Bekehret Euch!»

Im Gefolge Jesu sind die christlichen Kirchen aufgerufen, den Mut zu grundlegenden Reformen aufzubringen. In seinem Namen werden sie aufgefordert, die Dynamik geschwisterlicher Gemeinschaft wiederzuentdecken und den Reichtum von Entscheidungen, die nicht durch Dekrete aufgezwungen werden, sondern auf gemeinsam erarbeitetem Konsens beruhen.

Basierend auf solchen Voraussetzungen wäre es denkbar, dass das Organigramm einer geschwisterlichen Kirche des 21. Jahrhunderts in etwa die folgende Struktur aufweisen könnte:

Organigramm einer missionarischen Kirche der Kommunion und Teilnahme aller

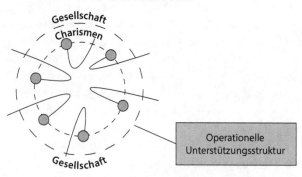

Statt die vertikale Machtpyramide zu betonen, wird im gezeigten Modell eine vom Zentrum Jesus Christus ausstrahlende, kreisförmige Struktur akzentuiert. Die Kirche ist ja primär und in erster Linie eine auf Christus zentrierte Glaubensgemeinschaft von Brüdern und Schwestern. Es versteht sich von selbst, dass es in dieser Gemeinschaft unterschiedliche Aufgaben und Tätigkeiten gibt und geben muss. Ebenso leuchtet es als selbstverständlich ein, dass diese eine operationelle Struktur benötigen. Diese Struktur aber muss wesentlich auf den Dienst an den unterschiedlichen Charismen und auf deren Koordination ausgerichtet sein. Und im Weiteren hat sie dafür zu sorgen, dass jene, denen die Aktivitäten dieser Charismen gelten, von ihnen auch erreicht werden.

Jede und jeder Getaufte ist in erster Linie und zuerst anerkannt als ein von Gott bejahter und geliebter Vertreter des gleichen Volkes Gottes. Als solcher ist jede und jeder berufen, auf der Basis seiner speziellen Charismen aktiv zu werden. Das letzte Ziel aller dieser Aktivitäten aber bleibt immer die Veränderung der Welt gemäss den Kriterien des Reiches Gottes.

Als sichtbare Integrationszentren aller dieser Tätigkeiten und als Zeichen der verbindenden Einheit stehen die Bischöfe. Statt primär als Chefs eines administrativen Apparates beansprucht zu werden, gewinnen sie wieder die Würde ihres eigentlichen dogmatischen Verständnisses zurück, nämlich die sichtbaren Vertreter Jesu Christi zu sein und als solche die zentralen Integrationsfiguren jeder kirchlichen Gemeinschaft.

Gegen die Angst all jener, die auf der Basis eines solchen Organigramms den Verlust der Einheit befürchten und die Beeinträchtigung der geoffenbarte Wahrheit, muss mit Nachdruck an das erinnert werden, was der bekannte Theologe José Comblin immer betonte:

«Der erste Adressat der göttlichen Offenbarung ist das Volk.»[99]

---

99 *José Comblin*, O Povo de Deus, São Paulo 2002, 381.

Von diesem Volk aber erklärt die dogmatische Konstitution *Lumen Gentium* explizit:

«Die Gesamtheit der Gläubigen [...] kann im Glauben nicht irren [...] wenn sie, ‹von den Bischöfen bis zu den letzten gläubigen Laien› ihre allgemeine Übereinstimmung in Sachen des Glaubens und der Sitten äussert.» (Nr. 12)

Das Konzil aber formulierte nicht nur dies. Der Text von *Lumen Gentium* entwirft zudem eine Konzeption von Kirche, die letztlich Punkt für Punkt dem oben gezeigten Organigramm entspricht:

«Derselbe Heilige Geist heiligt ausserdem nicht nur das Gottesvolk durch die Sakramente und die Dienstleistungen, er führt es nicht nur und bereichert es mit Tugenden, sondern ‹teilt den Einzelnen, wie er will› (1 Kor 12,11), seine Gaben aus und verteilt unter den Gläubigen jeglichen Standes auch besondere Gnaden. Durch diese macht er sie geeignet und bereit, für die Erneuerung und den vollen Aufbau der Kirche verschiedene Werke und Dienste zu übernehmen gemäss dem Wort: ‹Jedem wird der Erweis des Geistes zum Nutzen gegeben› (1 Kor 12,7).» (Nr. 12)

«Die im Volk Gottes versammelten und dem einen Leibe Christi unter dem einen Haupt eingefügten Laien sind, wer auch immer sie sein mögen, berufen, als lebendige Glieder alle ihre Kräfte, die sie durch das Geschenk des Schöpfers und die Gnade des Erlösers empfangen haben, zum Wachstum und zur ständigen Heiligung der Kirche beizutragen.

Der Apostolat der Laien ist Teilnahme an der Heilssendung der Kirche selbst. Zu diesem Apostolat werden alle vom Herrn selbst durch Taufe und Firmung bestellt. Durch die Sakramente, vor allem durch die heilige Eucharistie, wird jene Liebe zu Gott und den Menschen mitgeteilt und genährt, die die Seele des ganzen Apostolates ist. Die Laien sind besonders dazu berufen, die Kirche an jenen Stellen und in den Verhältnissen anwesend und wirksam zu machen, wo die Kirche nur durch sie das Salz der Erde werden kann. So ist jeder Laie kraft der ihm geschenkten Gaben zugleich Zeuge und lebendiges Werkzeug der Sendung der Kirche selbst ‹nach dem Maß der Gabe Christi› (Eph 4,7).» (Nr. 33)

Falls wir an die tiefe Wahrheit der hier formulierten Aussagen glauben, und in dem Mass, wie wir die Überzeugung ernst nehmen, dass der Heilige Geist die Kirche lenkt und führt, besteht nicht der geringste Grund, sich von einer organisatorischen Restrukturierung dieser Kirche zu fürchten, ganz im Gegenteil:

Auf der Basis des gezeigten Schemas würden die Priester und Bischöfe wieder ihren eigentlichen Platz als Diener des Gottesvolkes einnehmen. Und dieses Volk seinerseits könnte wieder auf ganz neue Weise seine Würde und Verantwortung als auserwähltes Instrument Gottes zurückgewinnen. Allen aber würde wieder bewusst, dass es letztlich Gott ist, der über die Wege der Kirche wacht, und dass sein Geist fähig ist, auch eventuelle Fehler dieser Kirche zu korrigieren. Diese Korrekturen aber würden dann vollzogen in einem Geist der Achtung und des Dialogs, ohne Bestrafungen, ohne Ausschluss und ohne Drohung. Denn auch in Bezug auf die kirchliche Ebene gilt das Wort Jesu: «Unter euch soll es nicht so sein!» (Mk 10,43)

23.2 Die Pastoralräte werden zu dem, was sie eigentlich sein sollten: Orte der Diskussion und der konsensuellen Entscheidungen

Im Schlussdokument der vierten Lateinamerikanischen Bischofskonferenz in Santo Domingo findet sich bei Nr. 98 eine Forderung, die eigentlich für die ganze Weltkirche von Bedeutung ist. Die Bischöfe erinnern nämlich an die Wichtigkeit der Pastoralräte und fordern deren umfassende Reaktivierung:

«Die Teilnahme der Laien in den Pastoralräten ist auf allen Ebenen der kirchlichen Strukturen zu unterstützen. Die Laienräte selbst sind in vollem Einklang mit den Hirten und in adäquater Autonomie zu fördern. Diese Laienräte können in jeder Diözese und in der Kirche eines jeden Landes eingeführt werden. An ihnen sind sowohl die apostolischen Bewegungen als auch jene Laien beteiligt, die sich in der Evangelisation engagieren, ohne Mitglied apostolischer Gruppen zu sein [...]» (SD 98)

Auch hier begegnen wir jener schon so oft genannten Tatsache: Die Grundlagen für die notwendigen strukturellen Änderungen sind auf der Ebene der Texte bereits vorhanden. Was noch fehlt, ist der Mut, diese Grundlagen in konkrete Schritte umzusetzen. Was noch fehlt, ist oft auch der Wille, nach jenen ersten Schritten weiterzugehen und Räume für Dimensionen zu eröffnen, die selbst in den Texten noch nicht vorgesehen waren.

Stattdessen lässt sich gelegentlich eine geradezu irrationale Angst feststellen, selbst die Empfehlungen der offiziellen Dokumente zu verwirklichen. Über den Mut, darüber hinaus weitere Schritte hinein ins Neuland zu wagen, wollen wir nicht einmal sprechen. Und doch sind es diese Schritte, die auch der Kirche die Tore hinein in eine neue Zukunft öffnen. Durch sie handelt jener Geist Gottes, der die Kirche führt. Dieser Geist nämlich ist nicht ein Geist der Furcht, der die etablierten Situationen garantiert. Er ist vielmehr ein Geist, der verändert. Damit wird er unbequem und verdächtig allen Hütern und Bewahrern etablierter Ordnungen. Ihnen allen zum Trotz aber wirkt er in der Kirche und eröffnet neue Horizonte, verändert das Alte und macht alles neu.

Vielerorts wurden die ersten Schritte hinein in die kirchlichen Strukturen der Zukunft bereits getan. Es gibt mutige Bischöfe und ordinierte wie nicht-ordinierte Christinnen und Christen, die als Visionäre bereits damit beginnen, das Gesicht der zukünftigen Kirche zu formen. Nach den ersten Schritten aber fehlt oft der Mut weiterzugehen. Die Initiativen erschöpfen sich, und die anfängliche Begeisterung lässt sich durch legalistische Forderungen und Beschränkungen im Namen der grossen Disziplin ersticken. Auf diese Weise ist es möglich, das Wehen des Geistes zu verhindern und sein Feuer auszulöschen (vgl. 1 Thess 5,19).

Es bringt nichts, Pastoralräte zu ernennen, wenn diese Räte dann zu blossen Zuhörern der geistlichen Autoritäten verkommen. Damit werden jene Räte zur Dekoration. Ihre kritischen Mitglieder laufen innerhalb kurzer Zeit davon und suchen sich getreu ihrer neuen Autonomie andere Betätigungsfelder. Tätigkeiten, an denen sie so handeln können, wie sie es von ihrem Berufsleben her kennen: als Kompetente und verantwortliche Entscheidungsträger, die nicht nur Ratschläge vorbringen und «ihre Meinung erklären» dürfen (vgl. *Lumen Gentium*, Nr. 37), sondern die es gewohnt sind, Beschlüsse zu fassen und diese auch durchzuführen.

Genau solchen Menschen aber wird in vielen Gremien der Kirche mit Misstrauen begegnet: Laien dürfen Ratschläge erteilen, aber sie haben keine Möglichkeit, an den Entscheidungen mitzuwirken.

Eine solche Situation widerspricht jeglichen Prinzipien einer wirklichen Gemeinschaft. Wenn die Kirche sich als «Communio und Teilnahme aller» und als «geschwisterliche Gemeinschaft des Volkes Gottes» versteht, dann müssen derartige Strukturen geändert werden. Die Christinnen und Christen von heute und weit mehr noch der Zukunft sind nicht mehr die «Schafe» von ehemals. Sie fordern Beteiligung, und wenn diese ihnen verwehrt wird, dann gehen sie weg. Die Kirche aber verbleibt mit jener kleinen Gruppe von «Schafen», die in ihr Sicherheit suchen wie hinter den Mauern eines Gettos. Ausserhalb der Kirche aber bauen jene, die ausgetreten sind oder zurückgewiesen wurden, die neue Zukunft auf. Eine Welt, zu der die Kirche so viel beizutragen hätte; von der sie sich aber selbst ausschliesst, weil sie jene ausschliesst, die gewohnt sind, als Erbauer dieser neuen Welt respektiert und gehört zu werden.

Sie sind im Prinzip keineswegs dagegen, die Kirche zu integrieren oder mit ihr zusammenzuarbeiten. Aber da diese Kirche

selbst sie von allen ihren beschlussfassenden Gremien ausschloss, bauen sie ihrerseits nun die neue Gesellschaft eben ohne
die Kirche.

23.3 Die traditionelle Struktur der Pfarrgemeinde muss verändert werden

Die Struktur der meisten Pfarrgemeinden widerspiegelt bis heute
die ländliche Gesellschaftsform der vergangenen Jahrhunderte:
Rund um eine Kirche gruppieren sich Häuser, und die Bewohner
jener Häuser verstehen Kirche auf die eine oder andere Weise als
Zentrum der Gemeinde oder der sozialen Gemeinschaft. So war es
in der Vergangenheit, heute aber nicht mehr! Die sozialen Zentren stehen heute an anderen Orten und heissen Einkaufszentrum,
Fussballstadion, Bahnhof oder Produktionsbetrieb. Und die Bewohner der urbanen Ansiedlungen wissen in vielen Fällen nicht
einmal mehr, zu welcher Pfarrkirche sie eigentlich gehören.
Geprägt durch Mobilität, haben sie zudem oft weder Zeit noch
Interesse, um sich darum zu kümmern, zu welchem religiösen
Zentrum sie nun eigentlich gehören oder auf dem Gebiet welcher
Pfarrgemeinde sie im Augenblick gerade wohnen. Nächstes Jahr
werden sie sich vielleicht schon nicht mehr dort befinden, weil sie
die Arbeitsstelle gewechselt haben oder weil ihre Firma sie an
einen anderen Ort versetzte oder weil die Firma selbst ihre Pro-
duktionsstätte verlagerte. Die zunehmende Mobilität verunmöglicht oder mindestens erschwert für viele die Bindung an ein fixes
Zentrum. Die emotionalen Beziehungen wiederum entstehen
weit mehr aufgrund persönlicher Bindungen und kaum noch im
Gefolge der Ankoppelung an einen geografischen Ort.

Mit dieser strukturell bedingten Umbildung der Verhaltensweisen aber wird es auch nötig, die Art und Weise zu verändern,
wie die Kirche sich manifestiert.

Es hat keinen Sinn, viel Geld in den Bau eines Pfarreizentrums
zu investieren, das dann von 100 oder 200 Personen benützt wird,

wenn sich anderseits tausende von Personen in den Einkaufs-zentren und in den Vergnügungsparks aufhalten. Es wird proble-matisch, Menschen in Kirchen versammeln zu wollen, die dazu vielleicht noch schwierig zu erreichen sind, während anderseits tausende oder zehntausende von Menschen sich in Bahnhöfen oder bei Sportveranstaltungen aufhalten.

In der Vergangenheit konnte die Kirche ihre Zentren auf-bauen, und die Menschen haben sich daraufhin auch dort ver-sammelt. Das gilt heute nur noch für eine Minderheit. In ihrer grossen Mehrheit nämlich laufen die Menschen heute nicht mehr hinter der Kirche her. Stattdessen muss die Kirche hinter den Menschen herlaufen (vgl. Abschnitt 16.2).

Diese strukturelle Veränderung, deren Anfänge bereits im Ver-halten der Arbeiter oder Intellektuellen des neunzehnten und zwanzigsten Jahrhundert sichtbar werden, verstärkt sich heute noch weit mehr durch das immer stärkere Aufkommen der neuen digitalen Medien. Die junge, durch Twitter, Facebook und andere soziale Netzwerke geprägte Generation orientiert sich auch auf religiöser Ebene wohl kaum mehr an der Sonntagspre-digt in der Dorfkirche. Dies eröffnet der Evangelisation einer-seits ganz neue Möglichkeiten, stellt aber anderseits auch neue Anforderungen.[100]

Zum einen muss die kirchliche Botschaft immer mehr und auf immer personalerer Ebene auch in den digitalen Netzwerken in

---

100 Als Impulse und konkrete Hinweise auf die neuen Möglichkeiten der Evangelisation vergleiche man etwa:

– *Manfred Belok/Helga Kohler-Spiegel (Hg.)*, Kirche heute leben. Eine Ermu-tigung, Zürich 2013.

– *Matthias Sellmann*, Gemeinde ohne Zukunft?, Freiburg i. Br. 2013.

– *Ders.*, Zuhören, austauschen, vorschlagen. Pastoraltheologische Milieu-Forschung, Würzburg 2012.

– *Jan Loffeld*, Das andere Volk Gottes. Eine Pluralitätsherausforderung für die Pastoral, Würzburg 2011.

Erscheinung treten. Zum andern aber sucht der Mensch des digitalen Zeitalters auch mit immer grösserer Dringlichkeit nach Möglichkeiten konkreter personaler Beziehungen. Dies bedeutet für die Kirche, dass sie dort in Erscheinung treten muss, wo die Menschen sich aufhalten: in den Fabriken, den Einkaufszentren, den Schulen, auf den Bahnhöfen, im Zug und im Autobus; und schliesslich ganz einfach in jedem Wohnquartier und in jeder Wohnsiedlung.

An diesen Orten verbringen die Menschen einen grossen Teil des Tages. Dort müssen sie folglich auch die Möglichkeit haben, der Kirche und ihrer Botschaft zu begegnen. Dort muss es möglich sein, Rat zu bekommen, Verzeihung zu erlangen, an religiösen Feiern teilzunehmen, sich mit Freunden und Freundinnen um einen Altar herum zu treffen, der nicht verborgen hinter den Mauern eines Klosters steht, sondern mitten im Wohngebiet, in jedem Quartier, im Wohnblock, in der Fabrik oder im Einkaufszentrum, kurz: dort eben, wo die Menschen sich aufhalten. Das ist die neue Form, in der die Kirche der Zukunft in Erscheinung zu treten hat. Einfach zu erreichen, unkompliziert und bereit, sich auf die neuen Lebensbedingungen des urbanen Menschen einzustellen.

Neben den pastoralen Zentren der Vergangenheit und zum Teil als deren Ersatz müssen neue religiöse Zellen entstehen. Autonome Gemeinschaften und Gruppen, die sich miteinander vernetzen und gleichzeitig verbunden sind mit dem grossen Organismus der Kirche, treu zu dieser Kirche und geprägt durch das Bewusstsein, zu ihr zu gehören als gleichberechtigte und mitverantwortliche Glieder des einen, grossen Gottesvolkes.

Aus dieser Erfahrung kann sich ein neues Bewusstsein des Kirche-Seins entwickeln, geprägt von einer Haltung der Mitverantwortung und dem Geist der Geschwisterlichkeit auf allen Ebenen des kirchlichen Lebens. Keine «Schafe», sondern Männer und Frauen, die bereit sind, Verantwortung zu übernehmen im Geist der Einheit mit dem gesamten Organismus der Kirche. Dies muss die neue Form der Kirche in einer postmodernen Welt sein:

- Lebende Zellen statt imposanter Gebäude.
- Kleine Gruppen und Gemeinschaften statt anonymer Organisationen.
- Kleine vernetzte Zentren statt Monumenten.
- Mikrostrukturen statt Makrostrukturen.

Aufbauend auf einem solchen Modell müsste auch die Organisation einer Pfarrgemeinde weit mehr einem aus Zellen aufgebaut Organismus gleichen, statt sich an pyramidalen und zentralistischen Formen orientieren.

Auf diese Weise wird die Gegenwart der Kirche in der Gesellschaft durch ein Netz von miteinander verbundener Zellen manifestiert. Jede dieser Zellen besitzt ihren eigenen Koordinator und Animator, der gleichzeitig den priesterlichen Dienst versieht. Jede Zelle erlebt als ihr Zentrum die Feier der Eucharistie und hat als Band der Einheit mit der ganzen Kirche die zentrale Figur des Bischofs. Dieser seinerseits gewinnt wieder seine ursprüngliche Aufgabe und Würde, sichtbares und lebendes Symbol der Einheit einer Kirche zu sein, die sich im wahrsten Sinne des Wortes als katholisch, als allumfassend versteht.

Kirche stellt sich dar als ein System aus «vernetzten» Zellen

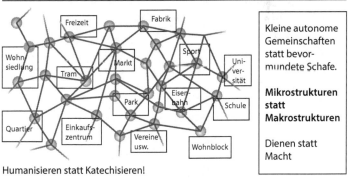

Kleine autonome Gemeinschaften statt bevormundete Schafe.

Mikrostrukturen statt Makrostrukturen

Dienen statt Macht

Humanisieren statt Katechisieren!

Eine solche Kirchenstruktur geht letztlich wieder zurück auf das von Jesus initiierte Modell einer mikrostrukturellen Gemeinschaft.

Damit aber fordert es gleichzeitig die Abkehr von der seit dem 4. Jahrhundert n. Chr. aufgebauten Makrostruktur einer nach dem Modell staatlicher Verwaltungsapparate aufgebauten Organisation. In der Folge sind dann auch Rolle und Funktion der Koordinatoren jener kirchlichen Mikrozellen neu zu überdenken. Sie werden nicht mehr isoliert als Pfarrer auf ein Pfarreizentrum fixiert. Ebenso wenig würden sie im Rahmen der so genannten Pastoralräume von einem Ort zum anderen reisen, um dort Eucharistie zu feiern. Stattdessen würden sie inmitten der Bevölkerung als Brüder und Schwestern leben. Und falls sie aus einer priesterlichen Berufung heraus leben, dann würde auch diese ihre Rolle als Priester und Bruder und vielleicht irgendwann auch als Schwester grundlegend restrukturiert werden. Durch eine solche Restrukturierung könnte auch der Priester wieder seine eigentliche zentrale Würde als Zentrum und Inspiration der Evangelisation wiedergewinnen.

23.4 Rolle und Bild des Priesters sollen wieder das Eigentliche seines speziellen Charismas zur Geltung bringen

Mit der oben formulierten Forderung schneiden wir ein Thema an, das über lange Zeit als Tabu galt und es zum Teil bis heute noch ist. Für die Menschen des 21. Jahrhunderts aber wirken Tabu-Themen von vornherein verdächtig. Zudem haben Verbote, über brennende Themen zu diskutieren, durch die ganze Menschheitsgeschichte hindurch die Problematik der diesbezüglichen Themen nie gelöst. Wir wissen aus den Schriften des Paulus, dass er seinen Lebensunterhalt mit seiner eigenen Hände Arbeit verdiente, ebenso wie alle anderen Apostel auch. Wir kennen das beeindruckende Experiment der Arbeiterpriester, die in den Dreissiger- bis Fünfzigerjahren des 20. Jahrhunderts vor allem in Frankreich als Industriearbeiter tätig waren, um so auf eine ganz neue Weise im Arbeitermilieu wirken zu können. Niemand empört sich heute darüber, wenn einer unserer Brüder seine Berufung als Priester lebt und gleichzeitig etwa in einem Gymnasium unterrichtet. Worin besteht der Unterschied in der Würde einer solchen Tätigkeit und jener einer Handarbeit in irgendeinem Industriebetrieb? – Es gibt ihn nicht! In der Folge öffnen sich auch hier neue Arten der Evangelisierung an jenen Orten, an denen die Menschen sich aufhalten.

Zurzeit wird auch die Tätigkeit des Priesters immer noch weitgehend nur im Rahmen eines hierarchischen Systems gesehen. In ihm lebt er, zunehmend isoliert vom normalen Alltag des Durchschnittsbürgers, und trifft seine pastoralen Entscheide. Diese werden ausgeführt von weitgehend nicht-ordinierten Mitarbeitenden, denen letztlich, wenigstens nach offizieller Leseart, kein Entscheidungsrecht in kirchlichen Dingen zusteht. Die Konsequenz einer solchen Struktur ist eine totale Überforderung und in nicht wenigen Fällen die Isolation und das psychische Burnout jenes Menschen, der aufgrund seines Charismas inmitten seiner Brüder und Schwestern stehen müsste. Stattdessen sieht er sich aufgrund seines Standes heute immer stärker abgegrenzt und distanziert von jenen, denen eigentlich das Ziel seiner ganzen Tätigkeit zu gelten hätte.

Die Folgen solcher Aussonderung sind Identitätskrisen und tiefe Frustration. Dies aber zerstört mit der Zeit den Enthusiasmus eines jeden. Im Gefolge dieser Tatsache werden diese unsere Brüder nicht selten zu kleinen Diktatoren; oder aber sie verfallen langsam einer Depression, die es ihnen schlicht unmöglich macht, dynamische Animatoren einer kirchlichen Gemeinschaft zu sein.

Traditionelles Schema der Priester-Rolle

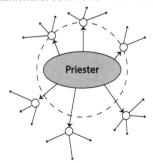

Alle zeitgenössischen Studien zeigen auf, dass eine operationale Struktur nach dem Modell des obigen Schemas nicht mehr den Bedürfnissen und Forderungen einer postmodernen Gesellschaft entspricht. Es ist also notwendig, diese Struktur zu verändern. Es hat keinen Sinn, sich statisch auf ein Modell zu fixieren, das in der Vergangenheit sicher seine Berechtigung hatte, das aber in der heute von Grund auf veränderten Sozialstruktur weitgehend seine Wirkkraft einbüsste. Angesichts der neuen sozialen Situation ist es ein Gebot der Stunde, die nötigen Schritte hin zu *neuen operationalen Formen* einzuleiten. Diese Formen müssen einerseits den Bedürfnissen einer Gesellschaft entsprechen, die sich in unglaublich raschem sozialem Wandel befindet. Sie müssen anderseits unseren Brüdern, den Priestern und Bischöfen, erlauben, ihre Identität und den ganzen Reichtum ihres Charismas in seiner ganzen Fülle zu leben.

Diese unsere Brüder nämlich haben nicht Unternehmensführung oder Psychologie studiert, sondern Theologie. Es ist unmöglich, von ihnen zu erwarten, dass sie fähig sein müssen, alle anstehenden Probleme zu lösen: Juristische Schwierigkeiten der Administration, Eheprobleme, die finanzielle Planung eines Pfarreizentrums oder den Bau einer neuen Kirche. Für alle diese Fragen existieren ausgebildete Fachleute. Zu glauben, dass der Priester auf allen diesen Gebieten tätig sein müsse, ist Illusion. Falls solches dennoch vom ihm verlangt wird, belastet man ihn mit einer Bürde, die niemand zu tragen vermag. Die Konsequenz können Neurosen, Identitätskrisen und ein zunehmendes Isolationssyndrom sein, wie es sich bei immer mehr Klerikern schrittweise und über lange Zeit unbemerkt manifestiert. Zu alledem kommt noch die Komplexität der theologischen Inhalte und als Letztes die Forderung konstanter Aktualisierung nicht nur in Bezug auf diese Inhalte, sondern auch in Bezug auf die Form, in der diese vermittelt werden können.

Angesicht solcher Problematik erhebt sich dringend die Forderung nach neuen, operationellen Strukturen, so wie sie seit Jahren auch in praktisch allen grossen sozialen, ökonomischen und politischen Organisationen auf dem Programm stehen. Statt eine einzige Person mit einer Vielzahl divergierender Aufgaben zu betrauen, werden diese auf einzelne Spezialisten aufgeteilt. Diese wiederum sind nicht als Einzelkämpfer tätig, sondern arbeiten im Team. Dadurch werden laufend Querverbindungen und Feedbacks ermöglicht. Die Strategien werden in der Gruppe abgesprochen, die Schwierigkeiten werden diskutiert, und die Entscheidungen fallen im Team nach kompetenter Prüfung durch die entsprechenden Spezialisten, die ihrerseits Mitglieder des Teams sind.

Teamwork statt Einzelkämpfertum, das ist das neue Modell. Seine Anwendung verspricht weniger Stress für die Betroffenen und mehr Erfolg in der konkreten Arbeit der Evangelisation, bis hin zu deren Konkretisierung im Rahmen einer *vernetzten Pastoral.*

Obwohl dieses Modell durch psychologische und pädagogische Studien längst empfohlen wurde, treffen die notwendigen organisatorischen Änderungen im kirchlichen Rahmen immer noch auf ausgeprägte Widerstände. Zwar existieren keine dogmatisch fundamentierten Einwände. Die Reorganisation aber scheitert immer wieder an geschichtlich gewachsenen Strukturen. Ihnen zufolge bleibt das Entscheidungsrecht nach wie vor einer einzigen Gruppe vorbehalten. Dass dies aber auch in Zukunft so bleiben muss, wurde nie als unveränderliche Wahrheit definiert. Folglich ist es möglich, die Dinge zu verändern! Dazu aber ist die Bereitschaft erforderlich, Perspektiven zu verändern und auf Privilegien und Machtpositionen zu verzichten.

Das Beispiel der Fusswaschung erweist sich diesbezüglich erneut als unbequeme Herausforderung. Auf ihrer Basis ist auch in der Kirche der Paradigmenwechsel vom Befehlen zum Dienen möglich. Er ist nicht nur möglich, sondern er hat vielerorts auch in der europäischen Kirche bereits begonnen. Die Brasilianische Bischofskonferenz hat dies stellvertretend vielleicht für so viele andere Menschen guten Willens in der Kirche bereits vor Jahren in prägnanter Form formuliert:

Es ist nötig, «von einer mehr auf sich selbst bezogenen Kirche Abschied zu nehmen und eine Kirche zu werden, die sich der Welt zuwendet. Eine solche Perspektive bedeutet, das Projekt des II. Vatikanischen Konzils voranzutreiben [...] und eine Kirche zu werden, die sich in den Dienst der Welt begibt, indem sie in ihr die Zeichen der Gegenwart Christi und das Wirken des Geistes zu entdecken sucht [...]»[101]

Der ehrliche gute Wille für die Durchführung auch struktureller Veränderungen ist in der Tat vorhanden. Der Wille zur Konkretisierung aber fehlt oft, und ebenfalls das Durchhaltevermögen, Ansätze weiterzuführen. Vielleicht auch der Mut, gegen noch bestehende Widerstände anzugehen und sie zu überwinden. Dies nämlich würde auch bedeuten, jene Kirchenvertreter, die sich nach wie vor gegen eine Veränderung sträuben, an die Worte Jesu zu erinnern, der seinerzeit ebenfalls die Vertreter eines unflexibel gewordenen religiösen Systems mit klaren Worten zur Umkehr aufrief, zur Veränderung ihrer zementierten Perspektiven und zur Aufgabe lieb gewordener Privilegien (vgl. Mt 9,13.23).

Eine solche Umkehr ist auch bei der Anwendung des im Folgenden aufgezeigten Schemas einer neuen operationellen Struktur notwendig. Es akzentuiert Teamwork und den dynamisch erarbeiteten Konsens einer Gruppe von Spezialisten, von denen keineswegs alle Priester zu sein brauchen. Jeder Einzelne aber trägt gemäss seiner Ausbildung und seinem Charisma zu jenem Dienst bei, den die Kirche des 21. Jahrhunderts der Bevölkerung anzubieten hat. Ansätze zu derartigen pastoralen Teams finden sich bereits in vielen Kirchgemeinden. Diese Ansätze zu stärken und weiterzuführen ist ein weiterer Schritt hin zu einer Kirche, die den Menschen dient, statt sie zu beherrschen. Dieses Dienen kann nicht mehr in den althergebrachten Bahnen der Machtausübung verstanden werden, von der man glaubte, dass es sie zum Dienen brauche. Dienen heisst, offen auf die Sorgen und Nöte der

---

101 Documentos da CNBB, No. 56, São Paulo 1996, 26.

Menschen einzugehen, gemeinsam nach neuen und innovativen Lösungen aus dem Geist des Evangeliums zu suchen und diese Lösungen flexibel zu erproben und, falls nötig, auch wieder zu verändern.

Zeitgemässes Modell einer dynamischen operationellen Struktur:
Basiert auf **TEAM-WORK**

Damit ein solches Modell in der Praxis eingeführt und realisiert werden kann, ist es nötig, bereits bei der Ausbildung der zukünftigen Priester neue Prioritäten zu setzen: Statt individuelle Einzelkämpfer auszubilden, braucht es eine systematische Hinführung zu Sozialkompetenz und zu gruppendynamischen Fähigkeiten. Dazu bieten im Übrigen bereits monastische Erfahrungen im Rahmen der Kirchengeschichte interessante Impulse.

In Weiterführung jener Erfahrungen betont das hier vorgestellte Modell die gleichberechtigte Eingliederung von Laien in Leitungs- und Verantwortungsstrukturen. Ihnen wird im Gegensatz zu den bereits heute bestehenden Räten auch das volle Stimmrecht zugebilligt. Jedes Mitglied hat zudem das Recht, sich gemäss seinem je eigenen Charisma auf den betreffenden Ebenen des kirchlichen Dienstes zu betätigen.

Eine solche operationelle Struktur würde unseren Brüdern mit priesterlichem Charisma ganz neue Möglichkeiten eröffnen, sich endlich wieder völlig auf ihr ganz spezielles Charisma zu konzentrieren. Und sie wäre darüber hinaus ein weiterer, entscheidender Schritt in Richtung einer dienenden Kirche der Communio und Teilnahme.

23.5 Es sind neue Wege gefordert, um jeder Gemeinde das ihr zustehende Recht auf Eucharistie zu garantieren

Strukturveränderungen in einer Institution bedingen zuerst eine Veränderung der Mentalität innerhalb der Institution. Es ist die Bereitschaft nötig, sich neuen Inspirationen mit innovativem Geist zu öffnen. Und nicht zuletzt braucht es den Mut, Experimente zu machen und bisher unbekannte und noch nie dagewesene Dinge zu erproben. Auch Strukturveränderungen in der Kirche sind in diesem Sinn ein Ausbruch aus alten Begrenzungen und ein Aufbruch hin zu neuen Horizonten, geführt und geleitet durch das Vertrauen, dass Gott die Kirche auch bei solchem Aufbruch nicht im Stich lassen wird. Er wird sie führen mit jenem Geist, der sich immer im Verlauf der Geschichte als verändernder und erneuernder Geist erwies. Durch ihn geleitet ist die Kirche fähig, auch heute und in Zukunft die notwendigen Reformen zu verwirklichen. Mit seinem Beistand kann sie den Mut aufbringen, auch gegenüber den strukturellen Problemen der Gegenwart neue Wege zu gehen und bisher unbekannte Lösungen zu erproben.
In diesem Zusammenhang erweist es sich als eine der dringlichsten Herausforderungen, jeder Gemeinde wirklich das Recht auf die Feier der Eucharistie zu garantieren. Von ihr schreibt die Ritenkongregation in ihrer Instruktion *Eucharisticum Mysterium*:

> «Das Geheimnis der Eucharistie ist die eigentliche Mitte der heiligen Liturgie, ja, des ganzen christlichen Lebens.»[102]

---

102 Vorwort der Instruktion *Eucharisticum Mysterium*, ebenso in AAS 57 (1965) 15 f.; vgl. Liturgiekonstitution *Sacrosanctum Concilium*, Nr. 41; Dekret

«[...] ‹die christliche Gemeinde wird nur auferbaut, wenn sie Wurzel und Angelpunkt in der Feier der Eucharistie hat. Von ihr muss darum alle Erziehung zum Geist der Gemeinschaft ihren Anfang nehmen›.»[103]

Die Eucharistie wird also von der Kirche mit vollem Recht als Zentrum des ganzen Lebens der Kirche betrachtet. In der Eucharistiefeier erleben die Kirchen-Gemeinden das Zeichen ihrer Einheit und die Grundlage der Hoffnung. Gestützt auf sie wird die Kirche befähigt, einer durch «Strukturen der Sünde»[104] und durch die «Gier nach Profit und [...] das Verlangen nach Macht»[105] geprägten Welt immer wieder die grosse Alternative des Reiches Gottes entgegenzuhalten. Eine für viele skandalöse Alternative übrigens, denn in ihrem Zentrum steht unvermeidlich ein Gott, der nicht für die Werte von Macht und Reichtum optiert, sondern für Dienst, Solidarität, Gerechtigkeit und Geschwisterlichkeit unter den Menschen. Ein Gott schliesslich, der sich in Jesus Christus exemplarisch auf die Seite der Armen und Ausgebeuteten stellt. Das ist ein Skandal und klares Zeichen des Widerspruchs für alle Vertreter eines globalisierten Neoliberalismus und dessen Forderung nach Maximierung des Gewinns um jeden Preis.

In der Eucharistiefeier aber stellt die Kirche allen ihren Gemeinschaften und der ganzen Welt immer von Neuem die Alternative eines mit den Menschen solidarischen Gottes vor Augen. Die Eucharistiefeier ist in der Tat auch in diesem Sinn «Mitte und Höhepunkt des ganzen Lebens der christlichen Ge-

---

über Dienst und Leben der Priester *Presbyterorum ordinis*, Nrn. 2, 5 f.; Dekret über den Ökumenismus *Unitatis redintegratio*, Nr. 15

103 *Presbyterorum ordinis*, Nr. 6, zit. in *Eucharisticum Mysterium*, Nr. 13.

104 Papst Johannes Paul II., *Centesimus annus*, Nr. 38., ebenso: *ders.*, *Sollicitudo rei socialis*, Nr. 37.

105 Papst Johannes Paul II., *Sollicitudo rei socialis*, Nr. 37.

meinde»[106]. Deshalb wird es zu einer der vordringlichsten Aufgaben dieser Kirche als Institution, dafür zu sorgen, dass die Feier der Eucharistie, auch in allen Gemeinden gefeiert werden kann; zu jedem passenden Zeitpunkt; so oft wie möglich und so lebendig wie möglich. – Die Feier soll zudem nicht etwa nur erlebt werden als isolierte Messfeier, zelebriert durch einen im Pastoralraum umherreisenden Priester, nein, sie soll zentrales Erlebnis und verbindende Mitte jeder kirchlichen Gemeinschaft sein.

Damit aber stellt sich sofort die Frage: Ist die Eucharistiefeier dies auch in der Praxis? Die aktuellen Strukturen mit ihrem immer ausgeprägteren Priestermangel können es bereits jetzt nicht mehr garantieren. Wenn aber die jetzt vorhandenen Strukturen oder die ihnen zugrunde liegenden Konzeptionen eine regelmässige Eucharistiefeier vor Ort, im Zentrum der Gemeinde, nicht mehr ermöglichen, dann sind die Strukturen oder die dahinter stehenden Regeln zu ändern. Dies in getreuer Anwendung der Worte Jesu, denenzufolge *die Strukturen für den Menschen da sind, und nicht der Mensch für die Strukturen* (vgl. Mk 2,27). Die Sorge um die Erhaltung des Rechtes auf Eucharistiefeier muss für die Kirche oberste Priorität einnehmen. Und wenn dieses Recht des Gottesvolkes infolge des Priestermangels nicht mehr befriedigt werden kann, dann entsteht die Pflicht, jenen Mangel prioritär zu beheben.

In diesem Kontext werden denn auch von immer mehr Christinnen und Christen mit zunehmender Ungeduld und immer fordernder jene Fragen gestellt, die innerhalb des kirchlichen Lehramtes nach wie vor als Tabu gelten:

* Warum wird die Ordination von verheirateten Männern nicht erlaubt?

106 Bischofsdekret *Christus Dominus*, Nr. 30. Vgl. ebenso: *Lumen Gentium*, Nr. 11. Dort wird die Eucharistie «Quelle und Höhepunkt der ganzen christlichen Gemeinde» genannt.

- Warum wird mit immer weniger überzeugenden Argumenten die Ordination von Frauen verhindert?
- Warum wird die Forderung eines Pflichtzölibats immer noch derart verabsolutiert?

Die emanzipierten Christinnen und Christen des 21. Jahrhunderts lassen sich diese Fragen auch durch kirchliche Verbote nicht mehr verbieten, mit denen die Diskussion der obigen Themen verhindert werden soll. Verbote überzeugen heute niemanden mehr, und sie lösen auch keine Probleme! Was überzeugt, sind Antworten, die auf die neuen Bedürfnisse des postmodernen Menschen eingehen und die anderseits auch glaubwürdig die Meinung dessen widerspiegeln, der bereits damals und zur grossen Empörung aller Gesetzeshüter betonte, dass das Gesetz dem Menschen zu dienen habe, und nicht der Mensch dem Gesetz (vgl. Mk 2,27; 3,2; Lk 13,10–17 u. a.). Das gilt nicht nur für die damaligen Satzungen des Tempels, sondern auch für die Kirchengesetze von heute.

Vom Beispiel Jesu ausgehend wird erwartet, dass auch die Kirche den Mut aufbringen wird, neue Wege zu betreten, so, wie es die Mehrzahl der Christinnen und Christen seit Langem fordert.[107] Sie alle lassen sich nicht mehr stillstellen durch die ständige Wiederholung alter Formeln oder das Festhalten an starrem Dogmatismus. Und sie verweisen dabei nicht zuletzt auch auf die von der Kirche selbst formulierte Gegebenheit des «*sensus fidelium*», des *Glaubenssinns des ganzen Gottesvolkes*. Über ihn sagt die Kirche in *Lumen Gentium*, Nr. 12:

«Das heilige Gottesvolk nimmt auch teil an dem prophetischen Amt Christi, in der Verbreitung seines lebendigen Zeugnisses vor allem durch ein Leben in Glaube und Liebe, in der Darbringung des Lobesopfers an Gott als Frucht der Lippen, die seinen Namen bekennen (vgl. Hebr 13,15). Die Gesamtheit der Gläu-

---

107 Vgl. etwa die statistischen Daten aus Abschnitt 14.

bigen, welche die Salbung von dem Heiligen haben (vgl. 1 Joh 2,20.27), kann im Glauben nicht irren.»

Von diesem Glaubenssinn wird also ausgesagt, dass er «neben Lehramt und Theologie eine eigenständige Erkenntnis- und Bezeugungsinstanz des Glaubens [, aber] zugleich auf die Überprüfung seiner Echtheit durch Lehramt und Theologie angewiesen» sei.[108] Gerade angesichts dieser Einschränkung weisen viele emanzipierte Christinnen und Christen der Postmoderne darauf hin, dass ihre Forderungen letztlich gar nicht wirklich überprüft, sondern einfach nur von vornherein abgelehnt würden. Und sie verweisen auf den Widerspruch, der sich oft zwischen dem ergibt, was die Kirche etwa in ihrer Pastoralinstruktion *Communio et Progressio*, Nr. 117 schon 1974 formulierte, und dem, was sie in der Praxis erfahren:

«In den ihr abverlangten Entscheidungen muss sie [die Kirche] sich deshalb vielfältigen zeitlichen und örtlichen Verhältnissen anpassen. Es gilt, die Wahrheiten des Glaubens so darzulegen, dass sie den verschiedenen Epochen und Kulturen angemessen sind. Desgleichen muss auch das Wirken der Kirche dem Wandel der Zeit und der Situation entsprechen. Solange sie treu zum Lehramt der Kirche stehen, haben alle Katholiken das Recht und die Pflicht, in Freiheit danach zu suchen, wie sie die geoffenbarten Wahrheiten tiefer verstehen und diese unter ständig sich wandelnden gesellschaftlichen Verhältnissen glaubwürdiger bezeugen können.»

Falls Christinnen und Christen aber von solchem Recht und solcher Pflicht Gebrauch zu machen wagen, erfahren sie allzu oft

---

108 Aus der Kurzfassung eines am 23.14.2004 gehaltenen Vortrages von Prof. Sabine Demel zum Sensus Fidelium. Zit. nach www.josef-bayer.de/akr/mut_texte/demel.htm.

Ablehnung. Ihre Forderungen werden als Anmassung abgetan und ihre berechtigten Einwände mit legalistischen Argumenten übergangen. In der Folge ziehen sich immer mehr Gläubige schweigend aus der Kirche zurück. Sie emigrieren und suchen andere Wege ausserhalb des kirchlichen Rahmens. Und wiederum verliert die Kirche eine Vielzahl von Menschen, die ihr doch so unglaublich viel zu geben hätten. Solches aber darf nicht geschehen! Denn auch für die Lösung der oben angeführten Fragen sind neue Wege denkbar, und die Kirche ist auch fähig, sie zu gehen. Dies wird zum Beispiel deutlich in einem Interview des brasilianischen Kardinals Dom Paulo Evaristo Arns aus dem Jahr 2002:

«Der Zölibat wurde durch die Kirche, und nicht durch Christus zum Gesetz erklärt. Er findet sich auch nicht im Evangelium. Was die Kirche aber einführte, kann sie auch wieder abschaffen [...] Der Zölibat sollte als Wahlmöglichkeit freigegeben werden. Er sollte nicht obligatorisch sein [...]»[109]

Den gleichen Gedanken formulierte bereits im Jahr 1999 der emeritierte Bischof von Volta Redonda, Dom Waldyr Calheiros:

«Ich denke, es wird die Zeit kommen, in der die Kirche verheiratete Männer als Priester akzeptieren wird. Es geht nur darum, den Mut zu haben, solches zu beschliessen. Wer sieht nicht die Zeichen? Wenn die Kirche allein und ausschliesslich bei dem jetzigen Modell des Priesters verbleibt, dann ist es in der Kirche in Bezug auf den priesterlichen Dienst zu Ende. Wir müssen den Zölibat als evangelischen Rat betrachten, und nicht als kanonisches Gesetz.»[110]

---

109 Übersetzt aus dem Interview mit der Zeitung O Globo vom 28.4.2002.
110 Übersetzt aus dem Interview mit der Zeitung Folha de São Paulo vom 17.11.1999.

23.6 Es braucht den Mut, die strukturellen Fragen mit offenem Geist in Angriff zu nehmen

Neue Lösungsansätze bergen die Gefahr des Irrtums. Neue, bisher nie begangene Wege zu gehen, kann es mit sich bringen, dass jene Wege in die falsche Richtung führen. Solche Risiken sind Teil jedes menschlichen Lebens, und sie gehören auch zum Leben der Kirche. Dabei aber hat die Kirche immer den Vorteil, gestützt und letztlich geleitet zu werden durch jenen Geist Gottes, den wir den Heiligen Geist nennen. Wenn dem aber so ist, warum finden sich so viele Kirchenvertreter, die erfüllt sind von Angst? Warum begegnen wir so vielen Menschen der kirchlichen Hierarchie, die sich verzweifelt an althergebrachte Formen und Strukturen klammern, während sich die Gesellschaft rund um ihre Kirche in einem nie dagewesenen radikalen Wandel befindet?

Die Antworten, die noch vor 40 Jahren gültig waren, sind heute oft überholt, denn die Welt von heute ist wesentlich verschieden von jener vor 40 Jahren. Was wir brauchen, sind neue Antworten für eine neue Welt! Es ist möglich, dass wir uns bei der Suche nach solchen Antworten mehr als einmal täuschen. Es kann sein, dass die Lösungswege von heute sich in zehn Jahren als falsch erweisen werden.

Ungeachtet solcher Risiken aber müssen wir nach neuen Wegen suchen, motiviert und beflügelt durch den Glauben an eine Kirche, die in letzter Instanz nicht in die Irre gehen kann, denn sie wird geführt durch den Heiligen Geist. Basierend auf einem solchen Glauben müssen wir in der Kirche den Mut aufbringen, Experimente zu machen, Strukturen zu verändern und neue Wege zu erkunden. Nur auf diese Weise wird es möglich, als Kirche auf die Herausforderungen einer Welt zu antworten, die sich in rasend schnellem sozialem Wandel befindet.

In seinem Buch «A missão da Igreja na aurora de um novo milênio» (Die Sendung der Kirche in der Morgenröte eines neuen Jahrtausends) zeigt Marc Girard ein Kirchenbild auf, das exakt der hier vorgestellten dynamischen Konzeption entspricht. Ihm zufolge ist die theologischste, die biblischste Konzeption der Kirche jene, bei der sich die Kirche «mit der Welt wie in einer Art Fusion verbindet».[111] Diese Kirche, so sagt er, befinde sich heute gewissermassen noch im Zustand eines Fötus, aber wie dieser werde sie wachsen und sich entwickeln. Das Wachsen der Kirche aber sei kein automatischer Prozess. Es erfolge in dem Mass, wie die Mitglieder der Kirche diese zum Wachsen bringen. Solches auch angesichts hunderter Einwände und Widerstände zu tun, dazu braucht es den prophetischen Mut all jener, die trotz aller Schwarzmalereien an die Zukunft ihrer Kirche glauben.

23.7 Voraussetzung für den Wandel in der Kirche ist eine fundamentale Veränderung der Geisteshaltung innerhalb der Kirche

Angesichts der vielen Forderungen und Herausforderungen, mit denen die Kirche heute konfrontiert wird, ist es unumgänglich, nicht nur Strukturen dieser Kirche zu verändern, sondern vor allem auch die Geisteshaltung vieler ihrer Mitglieder. Das Kriterium ihres Handelns kann nicht mehr sein, ob diese oder jene Kirchenstruktur, ob diese oder jene Form in der Tradition vergangener Jahrhunderte unversehrt bleibt. Solche Kriterien wurden schon durch die Vertreter des damaligen Tempelsystems Jesus gegenüber angelegt. Statt in der gleichen Linie weiterzufahren, müssen alle jene, die in der Kirche Verantwortung tragen, sich erneut bewusst werden, dass das einzig gültige Kriterium ihres Handelns die Antwort auf die Frage zu sein hat:

Entsprechen die Strukturen der Kirche den Absichten Jesu Christi, und antworten sie auf die Sehnsüchte, Bedürfnisse und Ängste der Menschen?

---

111 Vgl. *Marc Girard*, A missão da Igreja na aurora de um novo milênio, São Paulo 2000, 240.

Das Leben der Menschen und ihr Wohlergehen war die erste Sorge Jesu. Es ging ihm nicht um das Überleben von Strukturen oder das Beibehalten historisch gewachsener Bräuche. Ebenso wenig war er an Privilegien und Machtpositionen interessiert. Deshalb haben auch seine Nachfolger gleich zu handeln und zu denken. Konsequenterweise muss dann das Interesse Jesu auch das oberste Interesse einer Kirche sein, die sich auf ihn beruft.

In dem Mass, wie diese Tatsache immer mehr zum allgemeinen Bewusstsein aller Mitglieder der Kirche wird und diese auch danach handeln, wird die Kirche auch heute und in alle Zukunft wieder auf eine ganz neue Weise interessant und anziehend werden für die Menschen. Sie wird erneut erfahren werden als jene, die dem Wohl der Menschen dient, sodass sie auch den von Problemen, Schwierigkeiten und Sorgen bedrückten Frauen und Männern wieder erscheint als das grosse Licht auf dem Berg und als verändernde Kraft in einem sozioökonomischen System, das alle Menschlichkeit zu erdrücken droht.

Damit dies aber so wird, braucht es zuerst in den Entscheidungszentren der Kirche selbst einen grundlegenden Perspektivenwechsel. Dieser könnte sich inspirieren an der Geisteshaltung jener ersten Jahrhunderte der Urkirche, als sie noch nicht zur machterhaltenden Kraft des byzantinisch-römischen Reiches geworden war. Stattdessen ist die Rückkehr gefragt zu jener «ersten Liebe», an die der Autor der Apokalypse in Offb 2,4 erinnert. Zu einer Liebe, die sich noch nicht durch zementierte Strukturen einengen und durch Institutionen begrenzen liess. Institutionalisierte Liebe verliert ihre Dynamik und wird statisch, ängstlich, vorsichtig und zögernd. Für sie gilt das Wort: «Ich werfe dir [...] vor, dass du deine erste Liebe verlassen hast.» (Offb 2,4) Der Autor des Textes hat den Vorwurf seinerzeit an die Gemeinde von Ephesus gerichtet. Aber er behält seine Gültigkeit durch alle Zeiten hindurch bis heute.

Immer dann, wenn kirchliche Vertreter oder ganze Gemeinschaften die Sicherheit festgefügter Strukturen der Unsicherheit eines abrahamischen Suchens nach neuen Ufern vorziehen, wird auf die eine oder andere Art «der Geist ausgelöscht» (vgl. 1 Tess 5,19). Dieser Geist ruft nicht dazu auf, Sicherheiten aufzubauen und sich hinter institutionellen Mauern zu verschanzen. Er wird bezeichnet als der Erneuerer, und er ruft seit den Zeiten Abrahams immer wieder dazu auf, aus starr gewordenen Strukturen auszubrechen und sich auf die Suche zu machen nach neuen und bisher unbekannten Horizonten. Das Festklammern am Alten beweist in dieser Perspektive keineswegs die Treue zu Gott, sondern vielmehr einen Mangel an Mut und oft ein grundlegendes Fehlen von Vertrauen auf Gott. Genau zu solchem Vertrauen aber ist die Kirche und sind alle ihre Vertreter aufgerufen. Einem Vertrauen, aus dem heraus es möglich wird, nötigenfalls verkrustete Strukturen aufzubrechen und neue Wege zu suchen. In dem Mass, wie die Kirche dies unternimmt, gilt auch für sie durch alle Zeiten hindurch das Versprechen, das bereits dem Abraham und allen seinen Nachfolgern gegeben wurde: «Ich werde mit dir sein.» (Gen 26,3; 28,15)

23.8 Die Kirche muss den Menschen auf ganz neue Weise wieder nahe sein

Aufgeschreckt durch den ungeheuren Missbrauch an Macht, der die vergangenen 150 Jahre prägte, sind die Menschen misstrauisch geworden gegenüber jeder Macht. Dies gilt auch in Bezug auf die Kirche. Eine institutionalisierte und machtorientierte religiöse Institution interessiert heute nur noch einen verschwindend kleinen Teil der Christinnen und Christen. Die Zeiten haben sich geändert, und jeder Versuch, zurückzukehren zum Konzept der triumphalistischen «Christenheit» von ehedem ist von vornherein zum Scheitern verurteilt. Dies vor allem auch, weil alle Neokonservatismen, Neozentralismen und wie sie alle heissen mögen in Wirklichkeit nicht die geringste Neuheit darstellen. Stattdessen sind sie Versuche, alte Strukturen und überholte Systeme wieder zu aktivieren; oder, um das biblische Bild zu gebrauchen, einen neuen Wein weiterhin in alte Schläuche einzufüllen (vgl. Mt 9,17; Mk 2,22; Lk 5,37). Der immer neue «Wein» der christlichen Botschaft ist fähig, auch auf die Probleme einer durch Neoliberalismus und Globalisierung geprägten Welt überzeugende Antworten zu geben. Die Antworten aber werden erstickt durch die alten «Schläuche», in denen versucht wird, sie einzubinden. Darum sind neue Formen nötig; neue Wege müssen beschritten und neue Horizonte eröffnet werden. Dazu ist die Kirche aufgerufen, und dazu ist sie auch fähig!

Das Zweite Vatikanische Konzil hat seinerzeit die ersten Impulse zu einer neuen Art des Kirche-Seins gegeben. Sie sind vielerorts aufgenommen und weitergeführt worden. An anderen Orten wiederum wurden sie kritisiert, relativiert und gelegentlich auch gebremst. Ungeachtet all dieser negativen Reaktionen aber schreitet der Prozess der Umgestaltung der Kirche fort. Es ist kein linearer Weg, sondern ein dialektischer Vorgang, geprägt durch Fortschritte und Rückschritte. Aber es ist ein Weg, der sich auf eine zutiefst biblische Basis berufen kann. Ihn zu gehen ist die Gesamtheit des in der Kirche vereinigten Gottesvolkes aufgerufen. Die Kirche als Institution hat die Aufgabe, als dienende Kirche sich zu öffnen für «Freude und Hoffnung, Trauer und Angst der Menschen von heute, besonders der Armen und Bedrängten aller Art» (*Gaudium et spes*, Nr. 1). Indem sie in ganz spezieller Weise diese von Gott selbst getroffene Option weiterführt, wird sie immer mehr ihrer eigentlichen Bestimmung gerecht: Wegbereiterin des grossen göttlichen Projekts eines Reiches Gottes zu sein.

23.9 Kirche, wie Gott sie will, muss notwendig die von Gott selbst getroffene Option für die Armen weiterführen

Kirche, die sich als Dienerin des Reiches Gottes versteht, kommt nicht umhin, jene prophetische Dimension wieder zu aktivieren, die von Papst Benedikt XVI. wie folgt charakterisiert wurde:

«[...] die Kirche als Ganzes muss sich bewusst bleiben, dass sie als die Gemeinschaft der Armen Gottes erkennbar bleiben muss.»[112]

In der dritten Eröffnungsansprache der Lateinamerikanischen Bischofskonferenz von Aparecida hat er diesen Gedanken weiter spezifiziert:

«In diesem Sinn ist die bevorzugte Option für die Armen im christologischen Glauben an jenen Gott implizit enthalten, der für uns arm geworden ist.»[113]

In Berücksichtigung der vom Papst angesprochenen Tatsache ist die Kirche also heute und in alle Zukunft dazu aufgerufen, prophetisches Zeugnis abzulegen. Dieses Zeugnis manifestiert sich einerseits darin, dass eine Kirche, die sich in dienender Haltung der Welt zuwenden will (vgl. *Lumen Gentium*), diese Weltzuwendung unter einer ganz speziellen Perspektive zu realisieren hat. Sie ist aufgerufen zu einer Solidarisierung mit den Opfern der Geschichte, und dies nicht in der seit Jahrhunderten geübten Art der karitativen Mildtätigkeit, sondern als prophetische Option der Solidarität. Die Kirche kann

«Ausbeutungs- und Unterdrückungsverhältnissen oder unmenschlicher Behandlung jeglicher Art nicht neutral gegenüber stehen, sondern muss Partei für die Opfer ergreifen»[114].

---

112 *Joseph Ratzinger*, Jesus von Nazareth. Von der Taufe im Jordan bis zur Verklärung [= Teil 1], Freiburg i. Br. 2007, 107.
113 Zit. nach www.vatican.va/holy_father/benedict_xvi/speeches/2007/may/documents/hf_ben-xvi_spe_20070513_conference-aparecida_ge.html.
114 *Christoph Albrecht*, Den Unterdrückten eine Stimme geben, Luzern 2005, 405.

In dieser Parteinahme geht es in erster Linie um zwei Dinge:

1. Die Armen sind nicht mehr «Objekte» kirchlich-karitativen Tuns, sondern autonome «Subjekte» der Evangelisierung und Protagonisten ihrer eigenen Befreiung aus den Zwängen unterdrückerischer Strukturen. Die Haltung der Kirche ihnen gegenüber ist bar jeder Art von Paternalismus oder Bevormundung. Es geht nicht um Mildtätigkeit, sondern darum, dass die Armen zu autonomen Entscheidungsträgern innerhalb der Kirche werden, und zwar auf allen Ebenen, von der Liturgie bis hin zur Art der Pastoral, der kirchlichen Dienste und der Ausrichtung der theologischen Forschung.

2. Die Kirche als Institution nimmt Partei für die Armen. Sie sieht die Welt aus der Perspektive der Opfer und stellt sich auf deren Seite. Damit nimmt sie Partei für jene «von unten», für die Verlierer, die Ausgebeuteten und die vom System Ausgeschlossenen. In der Folge steht sie auch den Ausbeutungs- und Unterdrückungsmechanismen wirtschaftlicher oder politischer Systeme nicht neutral gegenüber, sondern denunziert sie im Namen Gottes als unvereinbar mit dessen Willen. All dies tut sie, weil Gott selbst über die Propheten bis hin zu Jesus Christus sich immer so verhalten hat.

Im Gefolge einer solchen Option eröffnet sich in der Kirche selbst eine ungeheure Spannung. Auf der einen Seite steht das, was als «Pathologie der Macht» innerhalb der Institution bezeichnet werden könnte. Deren Absicht ist letztlich die Beibehaltung institutionell abgesicherter Machtpositionen und geschichtlich gewachsener Privilegien.

Auf der Gegenseite aber steht die Berufung der Kirche als Volk Gottes; als Volk jenes Gottes, der sich seit dem Beginn seiner Offenbarung als ein Gott manifestierte, der einseitig die Sache der Armen unterstützt. Diese Perspektive, die vor dem Konzil kaum ernsthaft debattiert worden war, wurde durch Papst Johannes XXIII. am 11. September 1962 in seiner Radiobotschaft zur Einberufung des Konzils wieder deutlich in Erinnerung gerufen.

«Gegenüber den unterentwickelten Ländern erweist sich die Kirche als das, was sie ist und sein will, die Kirche aller, vornehmlich die Kirche der Armen.»[115]

Diese Äusserung entwickelte sich in der Folge zu einem der grossen Veränderungsimpulse der Kirche, als Beispiel und zur Bestätigung für das Wirken des Geistes Gottes. Denn die hier eher kurz angesprochene Perspektive erschien in Ansätzen bereits wieder im Konzil selbst, so etwa durch die Rede des damaligen Kardinals Lercaro,[116] und wurde später wieder aufgenommen durch Papst Paul VI. in seiner Predigt vom 23. August 1968 in San José de Mosquera:

«Die gesamte Tradition der Kirche erkennt in den Armen das Sakrament Christi.»[117]

Schliesslich aber wird sie in kontinentalem und regionalem Rahmen vor allem vertieft durch die lateinamerikanische Befreiungstheologie. Deren Impulse haben in der Folge bis heute bereits eine Vielzahl von Ortskirchen in Europa und in anderen Kontinenten inspiriert.

---

115 Zit. nach *Bernhard Bleyer*, Das Sakrament Christi: Die Armen, in: Concordia, Bd. 51: Theologie der Befreiung im Wandel, Aachen 2011, 206.

116 Vgl. die Rede des damaligen Kardinals Lercaro von Bologna in der Konzils-Session vom 6.12.1962 (zit. nach *Bernhard Bleyer*, a. a. O., 207.): «Wir werden unserer Aufgabe nicht wirklich gerecht, wenn wir das Geheimnis Christi in den Armen und die Evangelisierung der Armen nicht zum Zentrum, zur Seele der doktrinalen und gesetzgebenden Arbeit dieses Konzils machen. Es darf nicht ein Thema unter anderen sein, sondern muss die zentrale Frage werden. Thema dieses Konzils ist die Kirche, insbesondere insofern sie eine Kirche der Armen ist.»

117 Zit. nach *Bernhard Bleyer*, a. a. O., 212.

Die folgenden zwei Beispiele stehen denn auch stellvertretend für viele andere als Denkanstoss und Ansporn, der von Gott selbst getroffenen Option für die Armen auf allen Ebenen des Kirche-Seins zum Durchbruch zu verhelfen.

In Lateinamerika hat die ganze Lateinamerikanische Kirche seit der zweiten kontinentalen Bischofskonferenz in Medellin 1968, über Puebla (1979) bis heute die «vordringliche Option für die Armen» zum Programm und zur obersten Handlungsreferenz erklärt. So heisst es etwa im Schlussdokument der dritten Lateinamerikanischen Bischofskonferenz von Puebla bei Nr. 1134 (vgl. auch Nrn. 1135–1165):

«Mit erneuerter Hoffnung auf die belebende Kraft des Geistes machen wir uns wieder die Auffassung der 2. Vollversammlung zu eigen, die eine klare und prophetische, vorrangige und solidarische Option für die Armen zum Ausdruck brachte [...] Wir bestätigen die Notwendigkeit der Umkehr der gesamten Kirche im Sinne einer vorrangigen Option für die Armen mit Blickrichtung auf deren umfassende Befreiung.»[118]

In die gleiche Richtung stösst auch der 2007 veröffentlichte Pastorale Entwicklungsplan des Bistums Basel in seinem Kerndokument:[119]

«Theologisch verantwortetes pastorales Handeln muss deshalb darauf zielen, das Wort Gottes aus der Sicht der unterdrückten, versklavten und erlösungsbedürftigen Menschen zu lesen, zu verkünden und zu leben.» (S. 7)

---

118 iupax.at/index.php/liste-soziallehre/149-1979-celam-puebla-die-evange
lisierung-lateinamerikas-in-gegenwart-und-zukunft.html (19.7.2013).
119 Pastoraler Entwicklungsplan (PEP) des Bistum Basel, Kerndokument:
«Den Glauben ins Spiel bringen», (2007).

«Gott ist Liebe. Gott ist Leben. Menschen suchen Liebe und erfülltes Leben. In ihren Freuden und Leiden, Ängsten und Hoffnungen – besonders in denen der Armen, Bedürftigen und Bedrängten aller Art, erkennen wir Gottes Gegenwart [...]

Für uns, die wir in einem materiell reichen Land leben, ist die biblische Botschaft mit ihrer Option für die Armen, Ausgegrenzten und Bedrängten aller Art eine grosse Herausforderung.» (Kap. 1.2, S. 12)

«Als Kirche im Bistum Basel stehen wir am Anfang des Lernprozesses, den Glauben ins Spiel zu bringen. Wir sind herausgefordert, diese Grundperspektive einzuüben [...] Wir sind glaubhaft, wenn wir den Menschen dienen.» (S. 13)

«In unserem diakonischen Handeln haben wir besonders jene Menschen im Blick, die in irgendeiner Form bedürftig, ausgegrenzt, an den Rand gedrängt oder diskriminiert sind. So erfahren wir als Kirche im Bistum Basel das Leben auch aus der Sicht der Armen und Bedrängten [...]» (S. 24)

«Wo Situationen nicht den Kriterien des Reiches Gottes entsprechen, arbeiten wir daran, dies zu ändern [...] Aus der Perspektive der sozial Benachteiligten kämpfen wir für gerechtere Strukturen, welche die Würde der Menschen gewährleisten.» (S. 25)

Die hier nur skizzenhaft aufgezeigte innerkirchliche Dynamik erweist sich als eine weitere Bestätigung der immer wieder vertretenen Meinung, dass die Kirche fähig ist, sich zu verändern. Der in ihr wirkende Geist Gottes ist auch für sie selbst das, was sie ihrerseits bestimmt ist für die Welt zu sein: Ferment und Sauerteig, der alles erneuert; eine Energie, die sich letztlich durch keine Widerstände und Einwände wird aufhalten lassen.

Wenn sich die Kirche von dieser Energie leiten lässt, wird sie auch die heute und in Zukunft notwendigen strukturellen Umstellungen verwirklichen.

23.10 Kirche muss sich leiten lassen durch den alles erneuernden und verändernden Geist Gottes

Der Heilige Geist wirkt in der Kirche seit ihrem Beginn. Und sein Wirken war nie geprägt durch das Zementieren unzeitgemäss gewordener Formen. Stattdessen wirkt er dynamisch und verändernd in Richtung auf eine noch offene Zukunft hin. Davon geben bereits die Texte der Urkirche ein beredtes Zeugnis:

«Jetzt geschieht, was durch den Propheten Joël gesagt worden ist: In den letzten Tagen wird es geschehen, so spricht Gott: Ich werde von meinem Geist ausgiessen über alles Fleisch. Eure Söhne und eure Töchter werden Propheten sein, eure jungen Männer werden Visionen haben, und eure Alten werden Träume haben. [vgl. Joël 3,1–5] Auch über meine Knechte und Mägde werde ich von meinem Geist ausgiessen in jenen Tagen, und sie werden Propheten sein.» (Apg 2,16–18)

Ein Geist, der auch über die «Knechte und Mägde» ausgegossen wird (vgl. Joël 3,2), ein Geist, der Frauen und Männer zu Propheten macht und Alte und Junge zu Träumen und Visionen anstiftet, ein solcher Geist wird unbequem für viele.

«Er hinterfragt die Hierarchien, er stellt die Machtstrukturen in Frage, er verwirft die Grenzen, die sich aufbauten durch Jahrhunderte zwischen Dazugehörenden und Ausgeschlossenen, zwischen Männern und Frauen, zwischen Orthodoxen und Heterodoxen, zwischen Armen und Reichen.

Ein Geist, der auch über ‹Knechte und Mägde ausgegossen wird› (vgl. Joël 3,2), ein solcher Geist hinterfragt alle Klassengrenzen, sozialen Privilegien und ebenso alle Ideologien, seien sie politisch, sozial oder religiös, mit denen solche Ausgrenzungen verteidigt werden.

Ein Geist, der ‹Junge und Alte zu Visionen anstiftet› (Joël 3,1), schafft das Bild einer Gesellschaft und einer Kirche, in der es weder Grenzen der Sprachen noch der Kasten gibt; keine Eingeweihten und keine Ausgeschlossenen und keine, denen die Teilnahme verweigert wird. Stattdessen begegnen wir dem Niederreissen der Abgrenzungen; und jene, die eine andere Sprache sprechen, im übertragenen oder wörtlichen Sinn, begegnen sich gemeinsam in einer neuen Gemeinschaft von Brüdern und Schwestern.

Das ist das grandiose eschatologische Bild, das uns in Apg 2,1–13 vorgestellt wird. In ihm widerspiegelt sich die Verwirklichung dessen, was wir als eines der vordringlichsten Ziele des Wirkens des Heiligen Geistes erkennen: Das Überwinden aller Abgrenzungen und das Niederreissen aller trennenden Mauern zwischen den Menschen.»[120]

Dies alles und weit mehr geschieht auch in der Kirche. Angestiftet durch jenen göttlichen Geist und verwirklicht durch Frauen und Männer dieser Kirche, die sich, manchmal gegen ihren eigenen Willen, einspannen lassen in Projekte, deren Auswirkungen sie selbst nicht zu erkennen vermögen. Woran sie aber beteiligt sind, ist das Werk des Geistes, und dieses Werk zielt letztlich im Verlauf eines dynamischen und dialektischen Prozesses hin auf das letzte zu erreichende Ziel: Das Reich Gottes.

---

120 *Renold Blank*, Eschatologische Dynamik, in: Schweizerische Kirchenzeitung 174 (2006) Nr. 22–23, 386.

23.11 Die Stimme der Propheten muss auch innerhalb der Kirche wieder Gehör und Aufmerksamkeit finden

Der Geist Gottes wirkt in der Welt und in der Kirche auf ganz verschiedene Weise. Eine davon ist die Berufung von Propheten oder Prophetinnen. Sie verkünden die Absichten Gottes, und sie denunzieren manchmal auch mit lauter Stimme Situationen, Verhaltensweisen oder Strukturen, die nicht dem Willen dieses Gottes entsprechen. Das Bewusstsein dieser geistgewirkten Wirklichkeit hat sich in der Kirche von heute stark verloren. Dies vor allem, weil im Verlauf der letzten Jahrhunderte weit mehr die strukturellen und institutionellen Dimensionen von Kirche betont wurden. Propheten sind jeder Institution suspekt, denn sie lassen sich nicht in die vorgeschriebenen Formen einbinden. Ausserdem sind sie unbequem, da sie, falls nötig, auch die eigene Institution kritisieren. Und sie lassen sich nicht zum Schweigen bringen, denn sie sprechen im Namen Gottes und aus der Überzeugung heraus, den Willen dieses Gottes zu tun. Diese Tatsache muss heute in der Kirche wieder neu zum Bewusstsein gebracht werden. Und vor allem ist es notwendig, wieder bewusst zu machen, dass ein Prophet oder eine Prophetin auch innerkirchlich Kritik üben kann und auch Kritik üben wird.

Wenn sich heute prophetische Stimmen in der Kirche vernehmen lassen, die im Namen Gottes die Ungerechtigkeiten des wirtschaftlichen, politischen oder sozialen Systems anprangern, wird im Allgemeinen kaum eine kirchliche Instanz gegen solches Sprechen protestieren. Wenn Frauen oder Männer prophetisch im Namen der Kirche die grossen Wahrheiten des Reiches Gottes verkünden, dann geniessen sie die volle Unterstützung ihrer Kirche.

Dies aber kann sich drastisch ändern, wenn jemand sich in prophetischer Art und Weise erfrechen sollte, seine Stimme zu erheben, um gewisse Strukturen oder Verhaltensweisen in der Kirche selbst anzuklagen oder gar zu erklären, dass diese nicht den Kriterien des Reiches Gottes entsprechen. Solche Appelle will niemand hören; und wer sie äussert, wird unter Umständen mit drastischen Massnahmen zum Schweigen gebracht (vgl. bereits Am 7,12–13). Die Stimme der Propheten aber lässt sich nicht zum Schweigen bringen. Kaum wurde einer dieser prophetischen Stimmen das Reden verboten, erhebt sich bereits wieder eine neue, denn Gott lässt sich das Wort nicht verbieten. Er spricht es auch heute noch aus, gelegen oder ungelegen (vgl. 2 Tim 4,2), durch die Stimme seiner Prophetinnen und Propheten, genauso wie er es auch in der Zeit des Ersten Testamentes tat. Er unterbricht falsche Konzeptionen; er verkündet seine Projekte und denunziert deren Verfälschungen oder Behinderungen, die sich durch menschliches Handeln ergeben. Die diesbezügliche Kritik richtet sich nicht nur an die Adresse profaner Institutionen. Im Verlauf der ganzen Geschichte der biblischen Offenbarung erscheinen die Propheten auch als die grossen Kritiker der religiösen Systeme, die sie im Namen Gottes zu Umkehr und Veränderung auffordern.

Worte und Taten des Jesus von Nazaret sind ein sprechendes Beispiel solch prophetischen Verhaltens. Aber auch das Erste Testament ist voll von einschlägigen Zeugnissen. Was aber in biblischer Zeit galt, das gilt auch heute. Gott ruft auch heute und in Zukunft die religiösen Institutionen durch die Stimme von Prophetinnen und Propheten zur Umkehr auf. Er denunziert Verfälschungen seiner Pläne oder strukturelle Konstellationen, die vielleicht zum Hindernis wurden bei der Verwirklichung des Reiches Gottes.

Die grosse Herausforderung für die Kirche besteht nun darin, auf jene Stimmen zu hören, ihre Warnungen ernst zu nehmen und sich ihrer Kritik nicht durch autoritäre Massnahmen zu verschliessen. Stattdessen muss die prophetische Tradition auch bei ihrem Sprechen über kirchliche Themen wieder neu als Wert und als wichtige Manifestation des göttlichen Geistes anerkannt werden. Dies bedeutet, auch die Stimme jener mit offenem Herzen anzunehmen, die darauf aufmerksam machen, dass es auch in der Kirche Situationen, Verhaltensweisen oder Strukturen geben kann, die verändert werden müssen, weil sie nicht den Kriterien

Gottes entsprechen. Die prophetische Tradition ist auch innerhalb der Kirche wieder aufzunehmen. Ihre Anklagen oder Kritiken müssen ernst genommen werden. Sie entstehen nicht aus einer Haltung der Ablehnung der Kirche, sondern im Gegenteil, aus Liebe zu ihr. Sie sind *ein* Weg, durch den der Geist Gottes in der Kirche wirkt, auch dann, wenn der gesandte Prophet nicht den Ruhm dieser Kirche verkündet, sondern diese im Gegenteil zur Umkehr auffordert.

Propheten und Prophetinnen werden nicht durch kirchliche Ordination ernannt. Dies aber bedeutet, dass niemand, innerhalb oder ausserhalb der Kirche, Gott vorschreiben kann, wen er zum Propheten erwählen müsse. Gott wählt, wen er will. Es kann ein einfacher Arbeiter sein, eine Frau, ein Wissenschaftler, ein Priester; Gott allein entscheidet darüber, und dies ohne jede institutionelle Approbation. Diese Tatsache auch im Rahmen einer kirchlichen Institution zu akzeptieren, ist eine weitere jener Forderungen nach Bescheidenheit, die eine der Grundvoraussetzungen dafür bildet, der Sache Jesu Christi wirklich dienen zu können.

24 Die Werke des Heiligen Geistes, der in der Kirche wirkt, sind Werke zum Aufbau des Reiches Gottes

Der Prozess des Aufbaus dieses Reiches beinhaltet auch einen Veränderungsprozess vieler zurzeit noch bestehender Strukturen. Gottes Geist ist kein Bewahrer etablierter Situationen. Der Geist Gottes verändert und erneuert, und diese Veränderungen können stören, genauso wie ein Feuer äusserst ungelegen kommen kann (vgl. Apg 2,3).

Es ist auch möglich, dass die Frauen und Männer stören, die sich durch jenes Feuer entzünden liessen. Sie können in einer etablierten Gesellschaft lästig werden und ebenso innerhalb einer etablierten Kirche. Aber durch sie wirkt der Heilige Geist in dieser Welt und dieser Gesellschaft und zielt immer auf die Verwirklichung des grossen eschatologischen Projekts Gottes: auf die Vollendung des Reiches Gottes. Sie geschieht im Verlauf eines geschichtlichen und dialektischen Prozesses der Umkehr, der progressiven Konversion der Welt und der Kirche. Die Kriterien dieser Umkehr werden sichtbar bei denen, die sich als die wahren Werkzeuge dieses Geistes erweisen. Wenn ihre Werke eine wirkliche Veränderung der Welt bewirken, eine Veränderung hin zu mehr Gerechtigkeit und weniger Ungerechtigkeit, zu weniger Egoismus, weniger Konflikten und weniger Lüge, dann erweisen sie sich als wirkliche Werke des Heiligen Geistes. Durch sie verändert er die Welt in Richtung auf die Verwirklichung des eschatologisch-kosmischen Projekts eines Gottesreiches.

Dort aber, wo die angestrebten oder unbedingt aufrechterhaltenen Strukturen nur das geistliche Wohlbefinden einer gewissen Gruppe von Gläubigen befriedigen oder den Machthunger einiger Führungskräfte, dort handelt es sich nicht um Werke des Geistes Gottes. Stattdessen wird ein anderer Geist unterstützt; jener nämlich eines Systems, das daran interessiert ist, jede verändernde Kraft zu ersticken. Die vom Konzil geforderte «Unterscheidung der Geister» (*Gaudium et spes*, Nrn. 4 und 11) wird damit auch zur grossen Aufgabe all jener, die sich mit der Dynamik innerkirchlicher Vorgänge befassen. Dort nämlich, wo Männer und Frauen innerhalb oder ausserhalb der Kirche ungerechte Strukturen in gerechte verwandeln, Strukturen der Ausgliederung in solche der Liebe, Machtstrukturen in solche des Dienstes, dort ist der Geist Gottes tätig. Er inspiriert die Menschen dazu, sich in Kirche und Welt für die Verwirklichung jener Werte einzusetzen, die Jesus Christus unter dem Begriff Reich Gottes verkündet hatte.

Überall dort – und selbst wenn dies im Namen des Geistes geschieht – überall dort, wo Situationen erhalten werden sollen, die den Prinzipien des Reiches Gottes widersprechen, wo man zurückkehren will zu religiösem Individualismus und Dogmatismus, wo man im Namen legalistischer Argumente die Augen verschliesst vor den Notwendigkeiten sozialer oder kirchlicher Veränderungen gemäss dem Beispiel Jesu, dort wird im Namen eines falschen Geistes gehandelt. Denn die Erneuerungen, die Gottes Geist in Kirche und Welt bewirkt, beinhalten notwendig auch die Überwindung von Dogmatismen und klassistischen Herrschaftsstrukturen, auch dann, wenn sie sich in der Kirche selbst manifestieren.

Im Namen jenes Gottes nämlich, der sich in Jesus Christus als demütiger Gott und Diener der Menschen erwies – man vergleiche dazu etwa die Bedeutung der Fusswaschung in Joh 13,1–20 –, im Namen eines solchen Gottes ist es unmöglich, irgendwelche Ausschluss- oder Herrschaftsmechanismen aufrechtzuerhalten, sei es in Bezug auf Frauen, auf Laien, auf Sünder, auf Geschiedene oder auf wen auch immer.

In der Konsequenz dieser Tatsache ist dann auch der hier als Impuls vorgestellte *Protagonismus der Laien* in der Kirche keineswegs zu verstehen als die letzte Etappe struktureller Veränderungen in der Kirche. Die letzte Entwicklungsstufe einer Kirche nämlich, die sich wirklich als Kirche der Communio und Teilnahme des ganzen Gottesvolkes versteht, kann nur die Überwindung jeder Art von Protagonismus irgendeiner Gruppe sein. Was stattdessen realisiert werden muss, ist Geschwisterlichkeit, Mitverantwortung und gleichberechtigte Mitarbeit aller gemäss ihrer je verschiedenen Charismen. Auf solcher Basis kann sich eine neue Art des Christ- und Christin-Seins im Rahmen einer neuen Art des Kirche-Seins etablieren. Eine alternative Seinsweise letztlich, in der wirklich das realisiert wird, was die so oft vergessene Aufforderung des Begründers der christlichen Religion eigentlich meint:

«Ihr wisst, dass die, die als Herrscher gelten, ihre Völker unterdrücken und die Mächtigen ihre Macht über die Menschen missbrauchen. Bei euch aber soll es nicht so sein, sondern wer bei

euch gross sein will, der soll euer Diener sein, und wer bei euch
der Erste sein will, soll der Sklave aller sein.» (Mk 10,42–44)

Protagonismus der Laien bedeutet keineswegs, dass die Vorherrschaft der Priester in der Kirche nun ersetzt werden soll
durch die Vorherrschaft der Laien! Er bedeutet vielmehr
einen ersten Schritt, um jede Art von Macht und Vorherrschaft zu überwinden und sie durch Mitverantwortung und
gleichberechtigte Mitarbeit aller Frauen und Männer in der
Kirche zu ersetzen. Allein eine derartige Struktur der Geschwisterlichkeit reflektiert die fundamentale Gleichheit und
Würde aller Menschen vor Gott.